Los geht's!

Coursebook Two

Authors
Hartmut Aufderstraße, Heiko Bock,
Mechthild Gerdes, Karl-Heinz Eisfeld,
Hanni Holthaus, Uthild Schütze-Nöhmke

Adviser to the Project
Hans-Eberhard Piepho

UK Project Coordinator
Peter Lupson

Stanley Thornes (Publishers) Ltd

This licensed edition of material from *Themen 2* first published in 1987
by Stanley Thornes (Publishers) Ltd, Old Station Drive, Leckhampton,
Cheltenham GL53 0DN, UK, with the approval of Max Hueber Verlag,
Munich.

Reprinted 1992

British Library Cataloguing in Publication Data

Los geht's!
   Stage 2
   Coursebook
   1. German language—Textbooks for
   foreign speakers   2. Readers—1950–
   I. Aufderstraße, Hartmut
   438   PF3112

   ISBN 0-85950-725-4

Printed and bound in Hong Kong by Wing King Tong

ACKNOWLEDGEMENTS

Photographs and Artwork

Brigitte Alfaro for both photographs on page 143 ● Khurram Amrohi for photograph on page 37 ● Bavaria-Verlag Bildagentur for photographs on pages 8 (both photos), 60 (hospital scene), 61 (motorcycles) and 131 ● Bildagentur Prenzel for photograph (top left) on page 60 ● Bilderdienst Süddeutscher Verlag for photographs on pages 5, 43 (Frank Seifert and Eva Amman), 59 (orchestra), 91, 104 (Heinrich Droste) ● Reza Bönzli for artwork on page 41● Werner Bönzli for photographs on pages 19, 23, 31, 32 (left, centre and bottom right), 34, 35, 43 (top left and right), 46, 48 (top), 49 (right), 50, 51 (bottom), 61 (top left, bottom centre and bottom right), 69, 72, 78, 79, 96, 122 and 128 ● J Darchinger for photograph (bottom) on page 126 ● Detlef Drischel for photograph (Nachrichtensprecher) on page 61 ● Fotohaus Sessner for photograph (centre) on page 59 ● Globus Kartendienst GmbH for tables on pages 1 (Arbeitsunfähig – warum?), 42 (Wunschberufe der Jugend), 86 (Arbeitgeber Auto), 87 (Haushaltsgeld – wofür?), and 139 (Ausländer – woher?) ● Interfoto Pressebild-Agentur for photograph (bottom left) on page 59 ● Frank Kotzerke for photographs on pages 38 and 39 ● Kraufmann and Kraufmann for photograph (top) on page 126 ● Jürgen Lische for photograph on page 90 ● Digne Meller Marcovicz for photograph on page 125 ● Mauritius Bildagentur for photographs on page 32 (top right) and page 110 (middle) ● Werner Müller for photograph (bottom left) on page 92 ● Norddeutscher Rundfunk for photographs (top left and top centre) on page 59 ● Hermann Roth for photograph (bottom centre) on page 59 ● Jeanloup Sieff for photograph on page 93 ● *Der Spiegel* for graphics and table on page 126 ● Redaktion *Stern* for photographs on pages 75, 76 (bottom), 88, 92 (top) ● Transglobe Agency (P O Malibu) for photographs (top left and bottom right) on page 97 ● Ullstein Bilderdienst for photograph (top right) on page 61 ● H Wessel for photograph on page 141 ● Westdeutscher Rundfunk for photographs (centre left and bottom right) on page 59 ● Dagmar Westphal for photographs on page 144 ● Jupp Wolter for cartoon on page 125 ● Yaffa Character Licensing, London, for cartoon on page 15 ● Franco Zehnder for photograph on page 33.

Text Materials

Werner Bönzli for text and music on page 69 ● Burda GmbH for text on page 37 ● Deutscher Taschenbuch Verlag, Munich for text on page 143 (taken from Mascha Kaleko, *In meinen Träumen läutet es Sturm*) ● Redaktion *Freundin* for text on pages 38 and 39 ● Gruner & Jahr for text and photos from *Brigitte* on pages 48 and 70 ● Jugend-Scala for text on page 58 ● Erich Rauschenbach for text and artwork on page 108 ● Rainer Sennewald for text and photos on pages 102 and 103 ● Redaktion *Stern* for text and photo on pages 16, 17 and 134–6, and for text on pages 33 and 90 ● *Vital* for text on page 5.

Every attempt has been made to contact copyright holders, but we apologise if any have been overlooked.

CONTENTS

Lektion 1: Health

Functions: Expressing possession – enquiring after someone's health with appropriate responses – expressing physical ailments – offering refreshment with appropriate responses – persuading someone – expressing annoyance – expressing events in the past (simple perfect).

Situations/text type/topics: Doctor's consultation – conversations relating to illness – a sickness note – picture sequences – medical and dental texts.

Language forms: The possessive article – the modal verbs *mögen, sollen, dürfen* – the perfect tense with *haben* and *sein* – some special forms of the perfect.

Lektion 2: Appearance and Personality

Functions: Describing people – subjective impressions – arranging to meet – expressing tolerance and prejudices.

Situations/text type/topics: Discussions – extract from fashion magazine – shopping for clothes – German proverbs – magazine extracts and reports.

Language forms: Verbs and their complements in sentences: the accusative complement and qualifying complements – *dieser, mancher, jeder/alle* – article + adjective + noun – adjectives used as nouns – the future with *werden*.

Lektion 3: School, Training and Employment

Functions: Expressing career hopes – talking about the school system and jobs – looking for employment, writing a curriculum vitae – job interview – discussing particular jobs.

Situations/text type/topics: Tables of prospective and desired careers – table illustrating the German school system – conversations and text relating to career prospects – job adverts – a curriculum vitae – magazine extract on young people's views on employment.

Language forms: Modal verbs in simple past – subordinate clause – coordinating and subordinating conjunctions.

Lektion 4: Entertainment and Television

Functions: Discussing television programmes and some other forms of entertainment.

Situations/text type/topics: Extract from television magazine – table of television programme ratings – German songs – text on buskers – text on a video shop.

Language forms: Reflexive and non-reflexive verbs wtih a prepositional complement – reflexive and personal pronouns in the accusative – *wofür* and *dafür* – the conditional.

Lektion 5: Industry, Work and the Economy

Functions: Comparing cars – talking about car troubles and repairs – discussing salaries.

Situations/text type/topics: Table comparing different cars – conversations at the garage – a repair bill – table of employment related to the car industry – analysis of a German family's monthly expenditure – a pay-slip – profile of a VW welder – texts on car-stealing, coping with a reduced pay packet, and micro-chips.

Language forms: Comparison of adjectives – the passive.

Lektion 6: Family and Personal Relationships

Functions: Talking about likes and dislikes with regard to other people – discussing marriage and relationships between parents and children – comparing the bringing-up of children over several generations.

Situations/text type/topics: An argument – conversation at the marriage guidance bureau – marriage announcements – text comparing different generations – cartoon.

Language forms: The infinitive clause with *zu* – the subordinate clause with *daß* – the simple past – the genitive – weak masculine nouns.

Lektion 7: Nature and the Environment

Functions: Describing different types of scenery – talking about the weather – answering questions on the Federal Republic of Germany – discussing pollution and the problems caused by acid rain.

Situations/text type/topics: Weather chart and forecast – map of Federal Republic of Germany and accompanying quiz – text on acid rain, Greenpeace poster – text on health foods.

Language forms: Constructions with *es* – expressions of time in the accusative – the relative pronoun and relative clauses.

Lektion 8: Holidays and Travel

Functions: Planning a holiday – relating travel experiences – describing a class trip to Turkey – comparing Germans with other nationalities – discussing emigration.

Situations/text type/topics: Interview at airport – holiday check-list – picture story – survey of proportion of *Gastarbeiter* pupils at schools in Hamburg-Veddel – texts on life in Turkey – table showing numbers of *Gastarbeiter* in the Federal Republic of Germany – article encouraging Germans to emigrate to Paraguay – emigration adviser's advertisement – Germans' comments on emigration.

Language forms: *Zum* + the infinitive – indirect questions as subordinate clauses – infinitive clauses with *um zu* – the subordinate clause with *damit* – negation.

KEY TO SYMBOLS

 Material
on cassette

 Listening
comprehension

 Material for
reading

 Consolidation
exercise

 Cross-reference to
Grammar Summary
(pp. 156–71)

 Cross-reference to
Grammar Summary
in *Los geht's!* 1

 Cross-reference to
Grammar Summary
in *Los geht's!* 2

die Hand
der Kopf
der Arm
das Auge
die Nase
der Mund
der Busen
der Bauch
das Bein
der Fuß

der Finger
das Ohr
das Gesicht
die Zähne
der Hals
die Schulter
die Brust
der Rücken
das Knie
der Zeh

1. Frau Bartels und Herr Kleimeyer haben Probleme mit der Gesundheit.

Frau Bartels hat jeden Tag eine neue Krankheit.
Montag kann sie nicht arbeiten: *Ihr* Hals tut weh.
Dienstag kann sie nicht . . ., *ihr* . . . tut weh.

nachdenken   schlafen   fotografieren

fernsehen   essen   aufstehen   rauchen

arbeiten   sprechen

aufräumen   einkaufen   fliegen   hören   trinken

kochen   gehen   sehen   lesen   tanzen   Tennis   spielen
Fußball

schreiben   Deutsch lernen

schwimmen

Possessivartikel

♂ sein Kopf
der Kopf → ♀ ihr Kopf
♂ seine Schulter
die Schulter → ♀ ihre Schulter
♂ sein Bein
das Bein → ♀ ihr Bein

Auch Herr Kleimeyer hat jeden Tag eine neue Krankheit.
Montag tut *sein* Rücken weh, und er kann nicht schwimmen,
Dienstag tut . . ., und . . .

P. 145, 1

2. Was fehlt ihm/ihr?

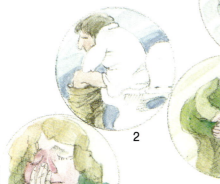

2

3

4

5

6

1

Sein	Zahn	tut weh.
Ihr	Kopf	
	Bauch	
	...	

Er/sie hat	Zahnschmerzen.
	Kopfschmerzen.
	Bauchschmerzen.
	...

Seine	Brust	tut weh.
Ihre	Hand	
	Nase	
	...	

Er/sie hat	Grippe.
	Fieber.
	Durchfall.
	...

Er/sie ist	krank.
	erkältet.
	...

Seine	Beine	tun weh.
Ihre	Finger	
	...	

○ Hallo, Bernd.
   ☐ Grüß dich, Gisela.
○ Du siehst aber nicht gut aus.
  Was ist denn los?
   ☐ Ich habe Zahnschmerzen.
○ Sehr schlimm?
   ☐ Es geht.

2

○ Hallo, ...
  (Tag, ...)

☐ Grüß dich, ...
  (Tag, ...)

○ Du siehst aber nicht gut aus.
  (Du siehst aber schlecht aus.)

  Was ist denn los?
  (Was hast du denn?)

☐ Ich habe ...
  (Ich bin ...)

  (Mein(e) ... tut weh.
  Meine ... tun weh.)

Possessivartikel

Singular   **1. Person**
der Kopf   mein Kopf
die Hand   meine Hand
das Bein   mein Bein

Plural
die Arme   meine Arme

○ Sehr schlimm?
  (Ist es schlimm?)

☐ Es geht.
  (Ja, ziemlich.)

3. Was paßt nicht?

a) Auge – Ohr – ~~Bein~~ – Nase

b) Arm – Zahn – Hand – Finger

c) Kopf – Knie – Bein – Fuß

d) Rücken – Busen – Brust – Ohr

e) Busen – Mund – Nase – Zahn

f) Zeh – Fuß – Hand – Bein

4. Ergänzen Sie.

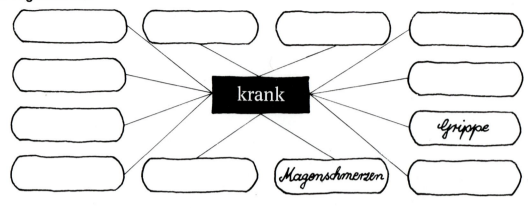

5. Ihr . . . tut weh. Was sagen Sie?

	Ich habe . . .	Mein(e) . . .	Ich habe Schmerzen . . .
Kopf	Kopfschmerzen.	Kopf tut weh.	—
Bein	—	Bein tut weh.	im Bein.
Nase			
Ohren			
Rücken			
Zahn			
Fuß			
Auge			
Knie			
Bauch			
Hand			
Schulter			

6. Schreiben Sie einen Dialog.

Leser fragen – Dr. Braun antwortet
Sprechstunde

Dr. med. C. Braun
beantwortet Fragen unserer Leser.
Experten anderer Fachbereiche beraten ihn. Schreiben Sie also an
das Gesundheitsmagazin und denken Sie daran, daß Ihre Frage auch
anderen Lesern helfen kann, die
ähnliche Sorgen haben.

② *Lieber Doktor Braun,*
ich habe oft Halsschmerzen, und
mein Arzt gibt mir immer Peni-
zillin. Ich möchte aber kein Peni-
zillin nehmen. Was soll ich tun?
Erna E., Bottrop

Ⓑ Ihr Arzt hat recht. Magenschmerzen, das heißt Streß! Vielleicht
haben Sie ein Magengeschwür.
Das kann schlimm sein! Sie müssen viel spazierengehen, Sie dürfen keinen Kaffee und keinen
Wein trinken. Rauchen Sie nicht
mehr! Sie dürfen auch nicht fett
essen!

③ *Sehr geehrter Herr Dr. Braun,*
mein Magen tut mir immer so
weh. Ich bin auch sehr nervös
und kann nicht schlafen. Mein
Arzt kann mir nicht helfen. Er
sagt nur, ich soll weniger arbeiten.
Aber sein Rat gefällt mir nicht.
Willi M., Rinteln

① *Lieber Doktor Braun,*
ich habe oft Schmerzen in der
Brust, besonders morgens. Ich
rauche nicht, ich trinke nicht, ich
treibe viel Sport und bin sonst
ganz gesund. Was kann ich gegen
die Schmerzen tun?
Herbert P., Bonn

Ⓒ Sie wollen keine Medikamente
nehmen, das verstehe ich. Dann
müssen Sie aber vorsichtig leben.
Sie dürfen nicht oft schwimmen
gehen, Sie müssen Salbeitee trinken und jeden Abend Halskompressen machen.

Ⓐ Ihre Schmerzen können sehr gefährlich sein. Ich kann Ihnen leider keinen Rat geben; Sie müssen unbedingt zum Arzt gehen.
Warten Sie nicht zu lange!

1. Welche Antwort paßt zu welchem Leserbrief?

2. Herr P., Frau E., Herr M.

P. 145, 2

Wer	hat ...?	Was muß er/sie tun?	Was darf er/sie nicht tun?
	Brustschmerzen Halsschmerzen Magenschmerzen	vorsichtig leben, ...	fett essen, ...

Welche Ratschläge gibt Dr. Braun?

Frau E. muß vorsichtig leben.
Herr ... darf nicht fett essen und keinen Wein trinken.
Herr ...
Frau ...

3. Und welche Ratschläge können Sie Herrn P., Frau E. und Herrn M. geben?

Beim Arzt

1. Hören Sie zu.

Was sagt der Arzt zu Herrn Möllermann?
Was sagt er nicht?

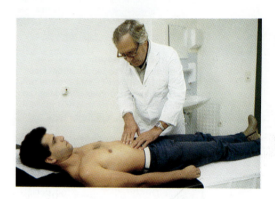

1. a) Essen Sie zu wenig?
   b) Essen Sie denn zu viel oder zu fett?
   c) Essen Sie genug?

2. a) Trinken Sie viel Tee?
   b) Rauchen Sie?
   c) Trinken Sie Bier oder Wein?

3. a) Sie haben ein Magengeschwür.
   b) Sie brauchen Magentabletten.
   c) Ihre Kopfschmerzen sind gefährlich.

4. a) Sie dürfen jetzt mal keine Kopfschmerztabletten mehr nehmen.
   b) Sie müssen jetzt erst mal ein paar Tage ins Bett.
   c) Ich schreibe Ihnen hier Kopfschmerztabletten auf.

5. a) Ich schreibe Ihnen hier ein Medikament auf.
      Das nehmen Sie morgens und abends.
   b) Ich schreibe Ihnen hier ein Medikament auf.
      Das nehmen Sie mittags und abends.
   c) Ich schreibe Ihnen hier ein Medikament auf.
      Das nehmen Sie morgens, mittags und abends.

2. ‚Können‘, ‚müssen‘, ‚dürfen‘, ‚sollen‘, ‚wollen‘ oder ‚mögen‘? Was paßt?

a) Frau Moritz:

„Ich _muß_ jeden Monat zum Arzt. Der Arzt sagt, ich _____ dann am Morgen nichts essen und trinken. Denn er _____ mein Blut untersuchen. Jetzt habe ich Hunger. Ich _____ gern etwas essen, aber ich _____ noch nicht.“

b) Herr Becker:

„Ich habe eine Verletzung am Finger. Die tut sehr weh. Ich _____ Schmerztabletten nehmen, aber ich _____ das nicht, denn ich habe dann immer Magenschmerzen. Der Arzt sagt, ich _____ meine Hand ruhig halten, aber das _____ ich nicht immer, und meine Frau sagt, ich _____ im Bett liegen bleiben. Ich finde das langweilig; ich _____ lieber arbeiten gehen.“

c) Herr Müller:

„Ich habe Schmerzen im Knie. Ich _____ nicht richtig laufen. Deshalb sagt der Arzt, ich _____ oft schwimmen gehen. Das tut gut, aber ich habe immer so wenig Zeit. Ich _____ bis um 18 Uhr arbeiten. Der Arzt gibt mir immer Tabletten, aber die _____ ich nicht nehmen, denn die helfen ja doch nicht. Ich brauche Sonne für mein Knie. Vielleicht _____ der Arzt mir eine Reise nach Spanien verschreiben.“

d) Karin:

„Ich _____ nicht zum Doktor, denn er tut mir immer weh. Ich _____ keine Tabletten nehmen. Immer sagt er, ich _____ morgens, mittags und abends Tabletten nehmen. Ich _____ das nicht mehr!“

3. Was paßt zusammen?

A	Jens sieht aber schlecht aus.	1	Ich habe Kopfschmerzen.
B	Was ist los?	2	Na ja, es geht.
C	Hast du Grippe?	3	Auch keinen Wein?
D	Ist es schlimm?	4	Ich weiß auch nicht. Gehen Sie am besten zum Arzt!
E	Was sagt der Arzt?	5	Kann ich dir helfen?
F	Was soll ich tun?	6	Nein danke, die helfen nicht.
G	Sie dürfen keinen Alkohol trinken.	7	Er hat doch Zahnschmerzen.
H	Möchten Sie die Kopfschmerztabletten noch mal?	8	Der weiß auch nichts.
I	Mir ist schlecht.	9	Ich kann nicht; ich bin krank.
J	Spiel doch mit!	10	Nein, aber ich bin erkältet.

○ Möchtest du einen Kaffee?
　□ Nein danke, ich darf nicht.
○ Warum denn nicht?
　□ Ich habe ein Magengeschwür.
　　Der Arzt sagt, ich soll keinen
　　Kaffee trinken.
○ Darfst du denn Tee trinken?
　□ Oh ja, das soll ich sogar.

Kaffee – ein Magengeschwür haben – Tee
Eis essen – Durchfall haben – Schokolade
Kuchen – Verstopfung haben – Obstsalat
Schweinebraten – zu dick sein – Salat
Kaffee – nervös sein – Milch
Fisch – eine Fischallergie haben – Hähnchen
Cognac – Herzbeschwerden – Mineralwasser

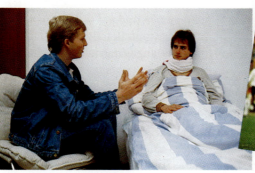

Jochen ist erkältet und hat Fieber. Sein Freund Rolf besucht ihn.
Rolf und Jochen spielen zusammen in einer Fußballmannschaft. Am Samstag ist ein sehr
wichtiges Spiel. Jochen soll unbedingt mitspielen: Seine Mannschaft braucht ihn, denn er spielt
sehr gut.

○ Jochen, du mußt am Samstag unbedingt mitspielen.
　□ Ich möchte ja gern, aber ich kann wirklich nicht.
　　Mir geht's nicht gut. Ich habe Fieber.
○ Fieber, das ist doch nicht so schlimm.
　90 Minuten kannst du bestimmt spielen.
　□ Das sagst du! Aber mein Arzt sagt, ich soll im Bett bleiben.
○ Ach, dein Arzt! Komm, spiel doch mit!
　□ Nein, ich will lieber im Bett bleiben.
　　Meine Gesundheit ist mir wichtiger als das Spiel.

──────○──────

Sag mal: Willst du nicht
oder kannst du wirklich nicht?
　□ . . .

Na gut, dann nicht.
Dann wünsche ich dir gute Besserung.

P. 145, 2

Schreiben Sie weitere Dialoge mit Ihren Nachbarn.
Spielen Sie dann die Dialoge.

1.

Roland hat Halsschmerzen.
Er spielt in einer Jazzband
Trompete.
Am Wochenende müssen
sie spielen.
Aber Roland kann nicht.

2.

Herr Koch ist Mechaniker bei
der Firma Heinen KG in
Offenbach. Er ist seit 10 Tagen
krank. Er hat ein Magengeschwür. Sein Chef, Herr Christ,
ruft ihn an. Herr Koch soll in
die Firma kommen, denn Herr
Christ braucht ihn unbedingt.
Aber Herr Koch kann nicht
arbeiten.

Ist ein Arbeitnehmer in der Bundesrepublik
Deutschland ein paar Tage krank, muß er zum
Arzt gehen. Der Arzt schreibt ihm dann even-
tuell eine Arbeitsunfähigkeitsbescheinigung.
Diese Bescheinigung gibt der Arbeitnehmer am
dritten Tag (nicht später!) seinem Arbeitgeber. Dauert die Krankheit länger, muß der Arbeitgeber den Lohn für sechs Wochen weiterzahlen.

Na ja, es ist Samstag passiert...

Mensch, was hast du denn gemacht?

Was ist denn bloß passiert?

Erzähl mal!

1. Dann habe ich die Bierflaschen nach unten gebracht.

5. Meine Kollegin ist gekommen und hat mir geholfen.

1. Und was ist nun wirklich passiert?
Ordnen Sie die Bilder.
Es gibt drei Geschichten.
(Nur eine ist wirklich passiert.)

A			
B			
C			

9. Dann bin ich gefallen.

2. Ich habe Fußball gespielt.

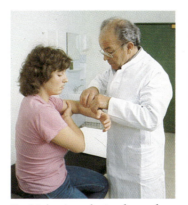

3. Mein Arm hat sehr weh getan, und ich bin zum Arzt gegangen.

4. Mensch, da habe ich laut geschrieen.

6. Plötzlich ist meine Hand in die Maschine gekommen.

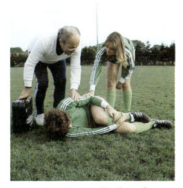

7. Meine Freundin hat den Arzt geholt. Er hat gesagt: „Das Bein ist gebrochen."

8. Ich bin wieder aufgestanden. Aber das Bein hat zu sehr weh getan.

10. Plötzlich bin ich gefallen.

11. Ich habe die Küche aufgeräumt.

12. Ich habe wie immer an der Maschine gearbeitet.

P. 146, 3

B3

Hartmut hat im Winter in Lenggries in Bayern Ski fahren gelernt.
Der Skikurs hat drei Wochen gedauert.
Hier das tägliche Programm.

Skikurs Anfänger 3

Lehrer:	Hannes Pfisterer
7.00	aufstehen
7.45	Frühstück
9.00–12.00	Skitraining
12.00	Mittagessen
13.00–15.00	Skitraining
18.00	Abendessen

2. Erzählen Sie:

Hartmut ist jeden Tag um 7^{00} Uhr aufgestanden ...

frühstücken	–	gefrühstückt
Ski fahren	–	Ski gefahren
trinken	–	getrunken

3. Aber der 30. Januar 1983 war ein Unglückstag. Erzählen Sie:

P. 147, 4
P. 148, 5

4. Welche Antworten passen?

a) *Du siehst heute aber schlecht aus!*
   Ⓐ Ich bin aber nicht krank.
   Ⓑ Ich sehe auch schlecht.
   Ⓒ Seit gestern habe ich Zahnschmerzen.

b) *Ich wünsche dir gute Besserung.*
   Ⓐ Nein, danke.
   Ⓑ Ich dir auch.
   Ⓒ Danke.

c) *Tut sein Bein weh?*
   Ⓐ Ja, ziemlich.
   Ⓑ Nein, deshalb kann er nicht laufen.
   Ⓒ Ja, er liegt im Bett.

d) *Willst du nicht mitspielen?*
   Ⓐ Doch, aber ich kann nicht.
   Ⓑ Nein, aber ich muß nicht.
   Ⓒ Ja, aber ich darf nicht.

e) *Haben Sie Zahnschmerzen?*
   Ⓐ Ja, seit gestern.
   Ⓑ Ja, noch zwei Tage.
   Ⓒ Nein, mein Zahn tut weh.

f) *Darfst du Kaffee trinken?*
   Ⓐ Nein, aber Tee.
   Ⓑ Das soll ich sogar.
   Ⓒ Nein, Kaffee trinke ich nicht.

g) *Du mußt zum Arzt gehen.*
   Ⓐ Ich habe Zahnschmerzen.
   Ⓑ Kennst du einen?
   Ⓒ Der kann mir auch nicht helfen.

h) *Tut es sehr weh?*
   Ⓐ Ja, schon vier Tage.
   Ⓑ Es geht.
   Ⓒ Nein, erst zwei Stunden.

i) *Wie ist das denn passiert?*
   Ⓐ Das weiß ich nicht.
   Ⓑ Ich bin gefallen.
   Ⓒ Mir geht es gut.

j) *Komm, geh doch mit!*
   Ⓐ Ich habe keine Idee.
   Ⓑ Ich habe keine Zeit.
   Ⓒ Das geht nicht.

5. Schreiben Sie einen Dialog.

☐ _____
○ _____
☐ _____
○ _____
☐ _____
○ ...

Die Sätze sind nur Beispiele.
Sie müssen auch selbst Sätze bilden.

Tut es sehr weh?
Ich kann (nicht) ...
Ich/habe ...   Sie dürfen (nicht) ...
/bin ...
Trinken Sie viel Wein/ ...?
Seit ... Tagen/Wochen.
Sie haben ein Magengeschwür/ ...
Sie müssen ...   Was fehlt ihnen denn?
Mein(e) ... tut/tun weh.
Können Sie mir ...   Rauchen Sie?
Nein, nur wenig.   ... aufschreiben?
Ich schreibe Ihnen ... auf.
Ja sehr viel.
Tut es hier weh?   Mir geht es nicht gut.
Arbeiten Sie viel?   Wie lange schon?

6. Ihre Grammatik: Ergänzen Sie.

a) Ich habe gestern Fußball gespielt.
b) Wie ist das denn passiert?
c) Darfst du keinen Kaffee trinken?
d) Du mußt unbedingt mitspielen.

e) Gestern hat sie nicht mitgespielt.
f) Hat das Bein sehr weh getan?
g) Die Wohnung habe ich noch nicht aufgeräumt.
h) Plötzlich bin ich gefallen.

	Inversions-signal	Subjekt	Verb	Subjekt	Angabe	obligatorische Ergänzung	Verb
a		Ich	habe		gestern	Fußball	gespielt.
b							
c							
d							
e							
f							
g							
h							

7. Perfekt mit ‚sein‘ oder ‚haben‘? Ergänzen Sie.

Hallo, Thomas, lange nicht gesehen. Wo warst Du?

Wir _____ in Rijeka gewesen und _____ dort Urlaub gemacht. Es war toll dort, aber die Fahrt war sehr anstrengend. Sie _____ 22 Stunden gedauert. Morgens um 4.00 Uhr _____ wir in München abgefahren. Es war . . .

. . . viel Verkehr. An der Grenze nach Italien _____ wir drei Stunden gewartet. In Rijeka _____ wir erst um 12.00 Uhr nachts angekommen und _____ natürlich kein Hotelzimmer mehr gefunden. Morgens _____ wir dann zur Tourist-Information gegangen, und die Leute da _____ für uns ein Hotelzimmer gesucht. Das Wetter war phantastisch. Wir _____ immer sehr lange geschlafen, _____ viel gelesen, _____ spazierengegangen oder _____ geschwommen. Oft _____ wir mit einem Boot zu den Inseln vor der Küste gefahren. Ich _____ übrigens segeln gelernt. Im Hotel _____ wir nur gefrühstückt. Abends _____ wir immer in einem anderen Restaurant gegessen. Und wo _____ du gewesen?

Besser als alle Chemo-Therapien

Gegen Durchfall hilft eine Salz-Zucker-Lösung

Durchfallerkrankungen (Diarrhöen) gibt es auf der ganzen Welt. Oft sind sie nicht sehr gefährlich, aber es gibt auch Todesfälle. Bakterien sind meistens die Ursache, und deshalb haben die Patienten bis jetzt immer Antibiotika (z. B. Penizillin) bekommen. Chemo-Therapien sind aber nicht sehr gesund. Sie machen die Darmflora kaputt, und der Patient hat dann oft noch mehr Durchfall.

In Amerika haben Ärzte jetzt eine neue Therapie gefunden. Sie haben ihren Patienten eine Salz-Zucker-Lösung gegeben. Diese Therapie war sehr viel besser als die alte Chemo-Therapie. Die

Amerikanische Ärzte haben eine neue, einfache Therapie gegen Durchfall gefunden.

Patienten haben vor allem weniger Wasser verloren. Das ist sehr wichtig, denn die Ursache für die tödlichen Durchfallerkrankungen war meistens sehr großer Wasserverlust.

Viel besser als jede Therapie ist aber immer noch die Vorsicht. Vor allem das Essen und die Getränke in fremden Ländern sind für Ihren Magen oft neu. Besonders frische Salate und frisches Gemüse können sehr gefährlich sein. Essen Sie deshalb nur gekochte Gerichte. Trinken Sie kein normales Wasser, sondern immer Mineralwasser oder andere Getränke aus Flaschen oder Dosen.

Hägar der Schreckliche Von Dik Browne

Gold im Mund –

Zahnarzt gesund!

Die Zahnarztkosten sind in den letzten Jahren sehr stark gestiegen. Früher war das kein Problem, aber heute müssen die Krankenkassen sparen. Deutschlands Zahnärzte haben deshalb Angst um ihr hohes Einkommen und wollen sogar streiken.

Zahnärzte haben 1963 im Jahr durchschnittlich 25.000 Mark verdient, heute sind es 800 % mehr: durchschnittlich 230.000 Mark. Deshalb gibt es seit drei Jahren das Kostendämpfungsgesetz: d. h. alle Ärzte sollen jetzt ökonomischer arbeiten als früher. Viele Zahnärzte sind gegen das Gesetz. Denn sie haben bis jetzt am besten verdient. Aber nicht alle Zahnärzte finden das Gesetz

Ernst Jandl

fünfter sein

tür auf
einer raus
einer rein
vierter sein

tür auf
einer raus
einer rein
dritter sein

tür auf
einer raus
einer rein
zweiter sein

tür auf
einer raus
einer rein
nächster sein

tür auf
einer raus
selber rein
tagherrdoktor

»Es muß nicht immer Gold in den Zahn«
Der Berliner Zahnarzt Dr. Peter Degano, 36, hat seine Praxis in der Nähe des Kurfürstendamms. Statt Gold nimmt er oft billigere Metall-Legierungen – und spart den Kassen dadurch viel Geld.

Studenten lernen am Gummikopf, später verdienen sie am Menschen.

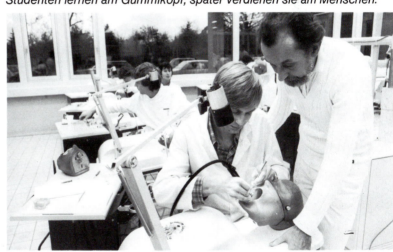

schlecht: „Es muß nicht immer Gold in den Zahn. Metall ist für die Zähne oft auch nicht schlechter. Es gibt heute gute Metall-Brükken. Die sind billiger und oft sogar besser für die Patienten als Gold-Brücken", so der Berliner Zahnarzt Dr. Degano.

Viele Leute meinen: Geld ist für Zahnärzte wichtiger als der Patient. Stimmt das wirklich? Unsere Redakteurin hat einen Test gemacht. Ihr fehlt seit zwei Jahren unten links ein Zahn, und sie möchte gerne eine Brücke haben. Sie ist deshalb zu drei Zahnärzten gegangen und hat gefragt: „Was kostet eine Brücke für meinen Zahn unten links?" Und das war das Ergebnis: Beim ersten Zahnarzt kostete die Brücke 1000,– Mark, beim zweiten 1896,– Mark und beim dritten 2639,– Mark. Dieses Ergebnis gibt dem Berliner Professor Berger recht. Er hat seine Studenten gefragt: „Warum wollen Sie Zahnarzt werden?" Die Antwort war meistens: „Ich will viel Geld verdienen." Professor Berger: "Idealismus gibt es in unserem Beruf schon lange nicht mehr." Trotzdem, es gibt noch Zahnärzte wie Dr. Degano. Sie finden es richtig, daß Ärzte sparen sollen. Denn die Krankenkassen werden immer teurer.

KLEIDER machen LEUTE

1. Wie sehen die Personen aus? Wie finden Sie die Personen?

P. 149, 1

> Uta ist blond und klein.
> Sie sieht lustig aus, und
> ich finde sie sympathisch.

> Hans ist groß und sehr schlank.
> Ich finde, er sieht intelligent aus.

> Brigitte ist...   Peter ist...

> Klaus ist...   Eva ist...

alt   groß   schlank   klein   blond   dünn

schwarzhaarig   dick   jung   langhaarig

schön   hübsch   lustig   nervös   häßlich

langweilig   nett   sympathisch   traurig

ruhig   attraktiv   komisch   intelligent

gemütlich   dumm   unsympathisch

2. Wer ist wer? Was glauben Sie?

1	2	3	4	5	6
62 Jahre	55 Jahre	30 Jahre	42 Jahre	24 Jahre	38 Jahre
85 kg	88 kg	69 kg	67 kg	54 kg	55 kg
165 cm	168 cm	182 cm	160 cm	176 cm	164 cm
Beruf:	Beruf:	Beruf:	Beruf:	Beruf:	Beruf:
Clown	Koch	Pfarrer	Sekretärin	Fotomodell	Psychologin

Hans ist Nr. . . .   Klaus ist Nr. . . .   Uta ist Nr. . . .
Eva ist Nr. . . .   Peter ist Nr. . . .   Brigitte ist Nr. . . .

3. Diskutieren Sie jetzt im Kurs.

Ich glaube, ... ist der Clown.

Warum?

Na ja, er ist klein und dick.

Also, ich meine, ... ist der Clown. Er sieht so lustig aus.

Das geht doch nicht! Der Clown ist doch 55, und ... sieht viel jünger aus!

4. Die Personen auf dem Photo sind drei Ehepaare.

Was glauben Sie, wer ist mit wem verheiratet?

Ich glaube, Peter und ... sind verheiratet. Denn Peter ist ..., und sie ist ...

Nein, das paßt doch nicht. Sie ist zu ..., und er ist viel zu ...

Ich finde ...

Hans und . . ., Peter und . . ., Klaus und . . . sind verheiratet.

2

1. Haben Sie ein gutes Gedächtnis?

Sehen Sie die drei Bilder eine Minute genau an. Lesen Sie dann auf der nächsten Seite weiter.

A

B

C

Hier sehen Sie Teile der Gesichter. Was gehört zu Bild A, was zu Bild B und was zu Bild C?

P. 150, 6

○ Das runde Gesicht, die blauen Augen, die große Nase und der kleine Mund sind von Bild . . .

□ Ich glaube, das runde Gesicht ist von Bild . . .

△ Ich glaube . . .

Nominativ

der	kleine	Mund
die	kleine	Nase
das	kleine	Gesicht
die	kleinen	Augen

Akkusativ

den	kleinen	Mund
die	kleine	Nase
das	kleine	Gesicht
die	blauen	Augen

rund — blau — groß — groß

oval — braun — klein — klein

schmal — schwarz — lang — schmal

2. Familienbilder

Den langen Hals und die große Nase hat er vom Vater; den großen Mund und die roten Haare von der Mutter.

P. 150, 6

Und was haben die Kinder hier von Vater und Mutter?

| rot | blau | grün | gelb | schwarz | weiß | braun | grau |

Eine schöne Frau ist meistens dumm.

Große Männer sind bescheiden.

Ein kleiner Mann findet schwer eine Frau.

Dicke Kinder sind gesünder.

Dicke Leute sind gemütlich.

Ein sparsames Mädchen wird eine gute Ehefrau.

Ein schöner Mann ist selten treu.

Ein roter Mund will küssen.

Kleine Kinder, kleine Sorgen – große Kinder, große Sorgen.

Eine intelligente Frau hat Millionen Feinde – die Männer.

Ein voller Bauch studiert nicht gern.

Stille Wasser sind tief.

Reiche Männer sind meistens häßlich.

1. Stimmt das?

Was sagt man in Ihrem Land?

Das	stimmt.
	ist richtig.
	ist wahr.
Ich glaube, das stimmt.	

Das stimmt nicht.
Das ist Unsinn.
Viele dicke Leute sind nicht gemütlich.
Ich finde, kleine Kinder machen große Sorgen.
Bei uns sagt man, . . .
Ich glaube, . . .

2. Was meinen Sie?

P. 150, 6

Eine gute Freundin ist . . .
Junge Kollegen sind . . .
Ein netter Chef . . .

Nominativ		
ein	reicher	Mann
eine	reiche	Frau
ein	reiches	Mädchen
–	reiche	Leute

Ein	gut	Freund	ist	meistens	langweilig.
Eine	nett	Freundin	sind	selten	lustig.
–	blond	Chef		oft	nett.
	schlank	Chefin		immer	gefährlich.
	hübsch	Mensch		. . .	freundlich.
	jung	Kollege			intelligent.
	verheiratet	Kollegin			interessant.
	neu	Mutter			komisch.
	. . .	. . .			. . .

TIPS & IDEEN — Haben Sie Ihren Stil gefunden?

Karin Belzer (32) ist Bankangestellte. Wie ihre Kolleginnen trägt sie meistens dezente Kleidung. Bis jetzt hatte sie keinen Mut für frische und sportliche Mode.
So ist Karin zu uns gekommen: Lange schwarze Haare, runde Brille, dezentes Make-up. Die weiße Bluse und der dunkle Rock machen die junge Frau älter. Auch die Frisur hat uns nicht gefallen.

So sieht Karin viel jünger und sportlicher aus. Sie trägt keine Brille mehr, sondern weiche Kontaktlinsen. Karin ist sehr schlank (Größe 36), das ist für sportliche Kleidung ideal. Sie hat einen kurzen blauen Rock und einen roten Pullover gekauft. Dazu trägt sie rote Kniestrümpfe.
Gefällt Ihnen Karin jetzt besser?
Wünschen Sie eine Typberatung, dann schicken Sie uns ein Photo und schreiben Sie an unsere Redaktion.

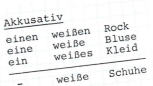

**1. Wie hat Karin vorher ausgesehen?
   Wie sieht sie jetzt aus?**

○ Vorher hatte Karin lange Haare, jetzt hat sie kurze Haare.

□ Vorher hatte Karin einen langen Rock, jetzt hat sie . . . .

Akkusativ		
einen	weißen	Rock
eine	weiße	Bluse
ein	weißes	Kleid
–	weiße	Schuhe

P. 150, 6

die Haare	der Rock	die Kleidung
die Kontaktlinsen		die Bluse
die Schuhe	die Kniestrümpfe	das Make-up
der Pullover		
die Jacke	die Brille	die Frisur

sportlich	weiß	jung	lang
rot	rund		blau
		dezent	
hellblau	gelb		dunkelblau
blond	weich	kurz	

2. Wie gefällt Ihnen Karin besser? Warum?

3. Was wird man morgen einkaufen?

Ordnen Sie die Texte.

A

1. Ich werde morgen einen blauen Pullover kaufen.
(auch: Ich kaufe morgen einen blauen Pullover.)

B

2. Michael wird morgen eine Jacke kaufen.
(auch: Michael kauft morgen eine Jacke.)

C

3. Wirst du morgen ein weißes Kleid kaufen?
(auch: Kaufst du morgen ein weißes Kleid?)

D

4. Wir werden morgen neue Schuhe kaufen.
(auch: Wir kaufen morgen neue Schuhe.)

A	B	C	D

P. 149, 5

4. Was paßt nicht?

a) blond – schwarz – rot – hübsch

b) dick – groß – sympathisch – schlank

c) dünn – langweilig – ruhig – intelligent

d) schmal – jung – lang – klein

e) nett–sympathisch–langweilig–interessant

f) nervös – schön – dumm – unsympathisch

g) weiß – braun – rot – rund

h) hübsch – attraktiv – schön – lustig

5. Ergänzen Sie.

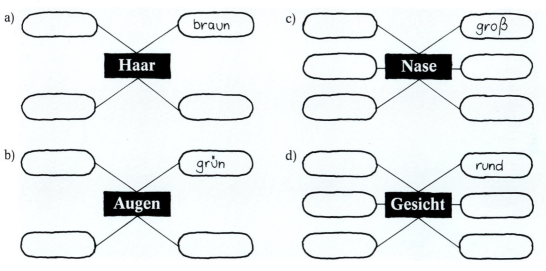

6. Ergänzen Sie.

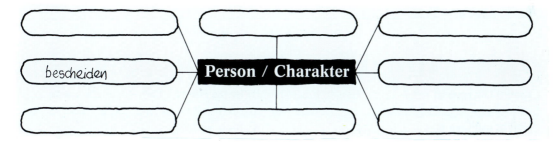

7. Was paßt nicht?

a) Rock: kurz – lang – ~~rund~~ – neu – ~~jung~~

b) Schuhe: blau – dick – hübsch – sympathisch – sportlich

c) Brille: lang – dunkel – rund – weich – alt

d) Beine: lang – groß – kurz – dick – freundlich

e) Kleidung: gemütlich – dezent – blond – häßlich – sportlich

f) Pullover: dick – schlank – blau – dünn – nervös

g) Strümpfe: rot – sympathisch – dünn – jung – dick

B2

8. Was ist ähnlich?

a) *schlank*
- Ⓐ lang
- Ⓑ dünn
- Ⓒ rund

b) *hübsch*
- Ⓐ schön
- Ⓑ jung
- Ⓒ sympathisch

c) *nett*
- Ⓐ sympathisch
- Ⓑ attraktiv
- Ⓒ lustig

d) *intelligent*
- Ⓐ klug
- Ⓑ dezent
- Ⓒ ruhig

9. Ergänzen Sie. Wie heißt das Gegenteil?

a) alt – _____
b) groß – _____
c) schlank – _____
d) lustig – _____
e) schön – _____

f) unattraktiv – _____
g) ruhig – _____
h) interessant – _____
i) sportlich – _____
j) freundlich – _____

k) dick – _____
l) neu – _____
m) häßlich – _____
n) dumm – _____
o) gemütlich _____

10. Welches Wort paßt wo?

> rothaarig sein   kurzhaarig sein   verheiratet sein   meistens   oft   voll   langweilig
> richtig sein   sehr gut aussehen   kennenlernen   nett finden   sympathisch sein   gesund
> lustig sein   dumm   reich sein   Sorgen   selten   sparsam sein   nervös   glauben

a) nicht interessant – _____
b) unruhig – _____
c) nicht intelligent – _____
d) ein Ehepaar sein – _____
e) schön sein – _____
f) rote Haare haben – _____
g) gerne mögen
   (eine Person) – _____
h) meinen – _____
i) wenig Geld
   ausgeben – _____
j) viel Geld haben – _____
k) oft lachen – _____

l) kurze Haare haben – _____
m) nicht selten – _____
n) nicht immer,
   aber sehr oft – _____
o) stimmen – _____
p) Probleme – _____
q) nicht leer – _____
r) nicht oft – _____
s) eine Person zum
   ersten Mal sehen und
   mit ihr sprechen – _____
t) nett sein – _____
u) nicht krank – _____

11. Leute gehen ins Theater.

O Er trägt einen schwarzen Anzug, eine
blaue Krawatte, ein weißes Hemd und
schwarze Schuhe. Wer ist das?

☐ Das ist der Mann Nr. 1.

O Sie trägt ein blaues Kleid, weiße Schuhe
und eine weiße Jacke. Wer ist das?

☐ Das ist . . .

O Er trägt . . .

P. 149, 2

12. Was für ein . . .?

O Was für einen Anzug trägt der Mann Nr. 1?

☐ Einen schwarzen.

O Was für Schuhe trägt die Frau Nr. 3?

☐ Weiße Sportschuhe.

O Was für . . .?

Was für . . .
Was für einen Anzug?
(Sing.) Einen schwarzen.
Was für   −   Schuhe?
(Plur.)   −   Schwarze.

13. Mir gefällt . . .

O Welche Kleidungsstücke
gefallen Ihnen hier
am besten?

☐ Der blaue Rock, die . . .
und das . . .

14. Was ziehen Sie an?

Sie gehen a) ins Theater.
           b) ins Kino.
           c) spazieren.
           d) tanzen.

O Welchen Anzug ziehen Sie an?

☐ Den blauen Anzug und die . . .

O Welches Kleid . . .?
  Welche Schuhe . . .?
  Welch . . .?

15. „Wie findest du . . .?" Schreiben Sie.

Wie findest du das Haus?

Ich finde es sehr gemütlich.

a) Garten: zu klein
   ○ *Wie findest du den Garten?*
   □ *Ich finde ihn zu klein.*

Ebenso:

b) Kinder: süß
c) Küche: praktisch
d) Hund: dumm
e) Gerd: etwas nervös
f) Bad: zu dunkel
g) Wohnzimmer: phantastisch
h) Gerd und Gisela: nett
i) Auto: nicht schlecht
j) Möbel: sehr modern
k) Gisela: sympathisch

16. Hartmut hatte Geburtstag. Von wem hat er welche Geschenke? Schreiben Sie.

a) Fotoapparat: billig, von Bernd
   *Den billigen Fotoapparat hat
   er von Bernd.*

Ebenso:

b) Uhr: komisch, von Petra
c) Buch: langweilig, von Udo
d) Pullover: häßlich, von Inge
e) Kuchen: alt, von Carla
f) Schallplatte: kaputt, von Dagmar
g) Hemd: unbequem, von Horst
h) Schuhe: alt, von Rolf
i) Strümpfe: kaputt, von Holger

17. Ergänzen Sie.

a) Er trägt einen schwarz_en___ Anzug mit einem weiß_____ Hemd.
b) Sie trägt einen blau_____ Rock mit einer gelb_____ Bluse.
c) Er trägt schwer_____ Schuhe mit dick_____ Strümpfen.
d) Sie trägt einen dunkl_____ Rock mit einem rot_____ Pullover.
e) Sie trägt ein weiß_____ Kleid mit einer blau_____ Jacke.
f) Er trägt eine braun_____ Hose mit braun_____ Schuhen.

18. Schreiben Sie Anzeigen.

a) Frau (jung) → Mann (attraktiv) mit Figur
   (sportlich), Augen (braun), Haaren (schwarz)
   Ebenso:

> Junge Frau sucht attraktiven Mann mit sportlicher Figur, braunen Augen und schwarzen Haaren.
> Zuschriften unter 753928 an die WAZ.

b) Mann (jung) → Freundin (nett) mit Kopf (intelligent), Gesicht (hübsch), Haare (rot)
c) Mann (nett) → Mädchen (hübsch) mit Haaren (lang), Augen (blau)
d) Frau (sympathisch) → Mann (ruhig) mit Charakter (gut)
e) Mädchen (attraktiv) → Freund (reich) mit Armen (stark), Auto (schnell)
f) Herr (ruhig) → Lehrerin (freundlich) mit Kopf (intelligent) und Figur (gut)
g) Mann (jung) → Mädchen (jung) mit Augen (lustig) und Ideen (verrückt)

Telegramm	Deutsche Bundespost				Verzögerungsvermerke		
Datum	Uhrzeit		TSt	München	Leitvermerk	Datum	Uhrzeit
06	4 11	11					Gesendet
Platz	Empfangen	Namenszeichen	Empfangen von			Platz	Namenszeichen

aus regensburg 29/26 8 1038

	Dienstliche Vermerke/Rückfragen
rolf rattner	
druckhaus zimmer gmbh	
uhlandstr 12 1418	
kiel/14	

.konnte sie leider telefonisch nicht erreichen. komme

morgen 16,22 in kiel hbf an. koennen sie mich abholen?

gruesse

   berger, papierfabrik albruck

○ Berger.

☐ Guten Tag Herr Berger. Hier Rattner. Ich habe gerade Ihr Telegramm bekommen. Natürlich
   hole ich Sie morgen ab.

○ Das ist nett. Dann lerne ich Sie ja endlich persönlich kennen.

☐ Ja, ich freue mich auch. Aber da gibt es ein kleines Problem. Wie kann ich Sie denn
   erkennen?

○ Ich bin nicht sehr groß, trage einen blauen Mantel und habe schwarze Haare. Und Sie?

☐ Ich trage einen grauen Anzug und eine dunkle Brille.

○ Also, dann ist ja alles klar. Wir treffen uns am besten am Haupteingang.

☐ Ja gut. Bis morgen dann.

Hier	Berger.
–	...

Guten Tag Herr ... / Frau ...
Ich habe gerade Ihre Karte/
Ihren Brief bekommen.
Natürlich hole ich Sie übermorgen/ ... ab.

Das finde ich sehr freundlich.
Vielen Dank.
Dann sehe ich Sie ja endlich mal.

Ja, das finde ich auch schön/sehr gut.

Aber da habe ich noch eine Frage.

Wie sehen Sie denn aus?
Wie kann ich Sie denn finden?

Ich bin ..., trage einen/eine/ein ...
und habe ...

Ich trage einen/eine/ein ...
und habe einen/eine/ein ...

Also, dann gibt es ja keine Probleme mehr.

Wir treffen uns am besten am Ausgang/
auf dem Bahnsteig/...

In Ordnung.	Dann bis morgen.
Einverstanden.	...

B2

1. Was paßt zusammen?

A	Gefällt Ihnen Eva gut?	1	Das weiße.
B	Wie finden Sie Klaus?	2	Ich finde ihn langweilig.
C	Hat Klaus eine nette Frau?	3	Ich glaube, sie sind braun.
D	Was trägt Karin?	4	Ja, sie ist sehr nett.
E	Wie sieht deine Freundin aus?	5	Nein, er ist blond.
F	Was für Augen hat Uta?	6	Er ist sehr sympathisch.
G	Welches Kleid trägst du heute abend?	7	Mir gefällt sie nicht.
H	Wie kann ich Sie am Bahnhof erkennen?	8	Ich trage einen braunen Anzug.
I	Ist Klaus schwarzhaarig?	9	Grüne.
		10	Sie ist groß und schlank.
		11	Ein blaues Kleid.

2. Ergänzen Sie.

a) Ich _____ Klaus sympathisch.

b) Eva _____ sehr nervös aus.

c) Uta _____ groß und schlank.

d) Karin _____ einen roten Rock.

e) Der rote Rock _____ sie jünger.

f) Brigitte _____ mir gut.

3. Was können Sie auch sagen?

a) *Eva trägt gern sportliche Kleidung.*
   - Ⓐ Eva ist sportlich.
   - Ⓑ Eva mag sportliche Kleidung.
   - Ⓒ Eva treibt gern Sport.

b) *Dann ist ja alles klar.*
   - Ⓐ Das verstehe ich gut.
   - Ⓑ Das ist ja einfach.
   - Ⓒ Dann gibt es ja keine Probleme mehr.

c) *Findest du Bruno nett?*
   - Ⓐ Magst du Bruno?
   - Ⓑ Ist Bruno schön?
   - Ⓒ Ist Bruno attraktiv?

d) *Peter und Susanne sind verheiratet.*
   - Ⓐ Peter und Susanne haben Kinder.
   - Ⓑ Peter und Susanne sind ein Ehepaar.
   - Ⓒ Peter und Susanne sind Geschwister.

e) *Das finde ich gut.*
   - Ⓐ Das schmeckt mir nicht.
   - Ⓑ Das gefällt mir.
   - Ⓒ Das ist gemütlich.

f) *Bernd ist schwarzhaarig.*
   - Ⓐ Bernd hat schwarze Haare.
   - Ⓑ Bernd sieht schwarz aus.
   - Ⓒ Bernd trägt schwarz.

g) *Udo sieht sehr gut aus.*
   - Ⓐ Udo kann gut sehen.
   - Ⓑ Udo ist sehr attraktiv.
   - Ⓒ Udo ist sehr nett.

h) *Jochen ist langhaarig.*
   - Ⓐ Jochen ist lang und haarig.
   - Ⓑ Jochen hat viele Haare.
   - Ⓒ Jochen hat lange Haare.

4. Schreiben Sie einen Brief.

Sie haben eine(n) Brieffreund(in) in Berlin. Sie besuchen ihn (sie) und kommen mit dem Flugzeug. Er (Sie) soll Sie am Flughafen abholen, aber hat Sie noch nie gesehen. Schreiben Sie, wann Sie ankommen und wie Sie aussehen.

Helga hat einen neuen Freund.

A. Hören Sie den Dialog.

B. Was ist richtig?
a) Der neue Freund von Helga
□ war Evas Ehemann.
□ war Evas Freund.
□ ist Evas Freund.

C. Was sagen Eva und Anne?
Unterstreichen Sie die richtigen
Adjektive.
a) Anne sagt: Der neue Freund
   von Helga ist . . .   sehr dumm / attraktiv / nett / unsportlich / ruhig / freundlich.
b) Eva sagt: Er ist . . .   intelligent / groß / dick / nervös / klein / elegant / sportlich.

Das Psycho-Spiel

Sind Sie tolerant?

**1. Dieser Mann ist Ihr neuer Arbeitskollege.
   Was machen Sie?**   Punkte
a) Ich lade ihn zum Essen ein.   □ 2
b) Ich suche einen neuen Job.   □ 0
c) Nichts. Mir ist jeder Mensch sympathisch. □ 1

**2. Sie sehen dieses Kind in einem Restaurant.
   Was denken Sie?**
a) Manche Eltern können ihre Kinder
   nicht richtig erziehen.   □ 0
b) Essen muß jeder Mensch erst lernen.   □ 2
c) Alle Kinder essen so.   □ 1

**3. Sie sehen diese Frau in der U-Bahn.
   Was sagen Sie zu Ihrem Freund?**
a) Ich finde alle Frauen schön.   □ 1
b) Manche Leute sind eben verrückt!   □ 0
c) Junge Leute können das tragen.   □ 2

Artikelwörter

Singular		Plural	
der dieser mancher jeder	Mann	die diese manche alle	Männer

Das Psycho-Spiel: Lösung

0 bis 1 Punkte
Sicher sind Sie ein ehrlicher, genauer und pünktlicher Mensch, aber Sie haben starke Vorurteile. Sie kritisieren andere Menschen sehr oft.

5 bis 6 Punkte
Sie sind ein angenehmer Mensch, aber Sie sind nicht wirklich tolerant. Viele Probleme sind Ihnen egal.

2 bis 4 Punkte
Sie sind sehr tolerant. Sicher haben Sie viele Freunde, denn Sie sind ein offener und angenehmer Typ.

Babysitter gesucht

Suchen lieben und freundlichen
Babysitter
für unsere Kinder. 2 bis 3mal
pro Woche. Gute Bezahlung.
Tel. 0211 / 59 32 70

Diese Familie sucht einen Babysitter. Was glauben Sie, wer bekommt den Job? Der alte Mann, das junge Mädchen oder die Frau? Warum?

Ich glaube, der alte Mann bekommt den Job. Er sieht so sympathisch aus.

Sicher, aber ein Mann kann das doch nicht.

Viele Kinder mögen alte Leute.
Die ist sympathisch.
Die kann das sicher am besten.
Die sieht nett aus.
Der ist bestimmt sehr freundlich.
Kinder mögen junge Mädchen.

Das finde ich auch.
Das glaube ich auch.
Das stimmt.
Das ist richtig.
Das finde ich nicht.
Meinst du wirklich?
Das macht doch nichts.
Das ist doch egal.
Das stimmt, aber . . .
Sicher, aber . . .

Da gibt es bestimmt Probleme.
Die ist doch zu jung.
Der ist doch zu alt.
Die hat bestimmt keine Chance.
Die ist zu nervös.
Der ist unsympathisch.

○ Hör mal, das ist interessant. Da ist ein junger Mann arbeitslos und bekommt kein Geld vom Arbeitsamt.

□ Wie ist das denn möglich? Jeder Arbeitslose bekommt doch Geld.

○ Ja, aber der hier ist ein Irokese.

□ Ein was?

○ Ein Irokese. Ein Punk mit einer Irokesenfrisur.

□ Deshalb bekommt er kein Arbeitslosengeld? Das glaube ich nicht.

○ Doch! Lies doch mal.

P. 149, 4

Kein Geld für Irokesen

Ein junger Arbeitsloser in Stuttgart bekommt vom Arbeitsamt kein Geld. Warum? Den Beamten dort gefällt sein Aussehen nicht.

Jeden Morgen geht Heinz Kuhlmann, 23, mit einem Ei ins Badezimmer. Er will das Ei nicht essen, er braucht es für seine Haare. Heinz trägt seine Haare ganz kurz, nur in der Mitte sind sie lang – und rot. Für eine Irokesenfrisur müssen die langen mittleren Haare stehen. Dafür braucht Heinz das Ei.

»In Stuttgart habe nur ich diese Frisur«, sagt Heinz. Das gefällt ihm. Das Arbeitsamt in Stuttgart hat eine andere Meinung. Heinz bekommt kein Arbeitslosengeld und keine Stellenangebote. Ein Angestellter im Arbeitsamt hat zu ihm gesagt: »Machen Sie sich eine normale Frisur. Dann können Sie wiederkommen.« Ein anderer Angestellter meint: »Herr Kuhlmann sabotiert die Stellensuche.« Aber Heinz Kuhlmann möchte arbeiten. Sein früherer Arbeitgeber, die Firma Kodak, war sehr zufrieden mit ihm. Nur die Arbeitskollegen haben Heinz das Leben schwer gemacht. Sie haben ihn immer geärgert. Deshalb hat er gekündigt.

Bis jetzt hat er keine neue Stelle gefunden. Die meisten Jobs sind nichts für ihn, das weiß er auch: »Verkäufer in einer Buchhandlung, das geht nicht. Dafür bin ich nicht der richtige Typ.«

Heinz will arbeiten, aber Punk will er auch bleiben. Gegen das Arbeitsamt führt er jetzt einen Prozeß. Sein Rechtsanwalt meint: »Auch ein arbeitsloser Punk muß Geld vom Arbeitsamt bekommen.« Heinz Kuhlmann lebt jetzt von ein paar Mark. Die gibt ihm sein Vater.   (Michael Ludwig)

B3

Arbeitsamt

Das Arbeitsamt

Ein Arbeitnehmer hat keine Stelle (z.B. sein alter Arbeitgeber hat ihm gekündigt). Er ist also arbeitslos. Dann bekommt er Geld vom Arbeitsamt: das Arbeitslosengeld. Das Arbeitsamt sucht auch eine neue Stelle für ihn. Natürlich muß ein Arbeitsloser wirklich eine neue Stelle wollen, sonst bekommt er kein Arbeitslosengeld.

1. Welche Sätze im Text geben dem Leser diese Informationen?

Information	*Satz im Text*
a) Heinz hatte Probleme mit seinen früheren Arbeits-kollegen.	„Nur die Arbeitskollegen haben Heinz das Leben schwer gemacht."
b) Heinz sucht eine neue Stelle.	„Bis jetzt hat er keine neue Stelle gefunden."
c) Das Arbeitsamt will ihm kein Geld geben.	. . . . . .
d) Heinz hat jetzt nur wenig Geld. Das bekommt er von seinem Vater.	. . . . . .
e) Die Beamten im Arbeitsamt glauben, Heinz will gar nicht arbeiten.	. . . . . .
f) Heinz trägt eine Irokesenfrisur.	. . . . . .
g) Heinz weiß: Ein Irokese kann nicht in jedem Beruf arbeiten.	. . . . . .
h) Heinz sucht Arbeit, aber er will sein Aussehen nicht verändern.	. . . . . .
i) Keiner in der Stadt hat eine Frisur wie Heinz.	. . . . . .
j) Heinz hat einen Rechtsanwalt genommen.	. . . . . .

2. In welcher Reihenfolge stehen diese Informationen im Text?

Ordnen Sie die Sätze neu.

3. Welche Kleidung und Frisur trägt man in Ihrem Land?

Im Büro, in der Universität, in der Kirche, in der Moschee, am Sonntag, im Konzert, in . . .?
Welche Kleidung kann man nicht tragen?

Eigentlich kann man alles tragen, aber . . .

Im Büro einen Anzug.

Keine Jeans in der Uni.

Eine Lehrerin kann keinen kurzen Rock tragen.

1. Finden Sie die Entscheidung des Arbeitsamtes richtig?

Das Arbeitsamt hat recht. Wer will denn einen Punk haben? Kein Arbeitgeber will das! Die Frisur ist doch verrückt!

Da bin ich anderer Meinung. Nicht das Aussehen von Heinz ist wichtig, sondern seine Leistung. Sein alter Arbeitgeber war mit ihm sehr

Das stimmt, aber er hat selbst gekündigt. Es war sein Fehler.

Sicher, er hat selbst gekündigt, aber warum ist das ein Fehler? Er möchte ja wieder arbeiten. Er findet

zufrieden. Das Arbeitsamt darf sein Aussehen nicht kritisieren.

Das finde ich nicht. Der will doch nicht arbeiten. Das sagt er nur. Sonst bekommt er doch vom Arbeitsamt kein Geld. Da bin ich ganz sicher.

Wie können Sie das denn wissen?

nur keine Stelle. Das Arbeitsamt muß also zahlen.

Kennen Sie ihn denn? Sicher, er sieht ja vielleicht verrückt aus, aber Sie können doch nicht sagen, er will nicht arbeiten! Ich glaube, er lügt nicht. Er möchte wirklich arbeiten.

Arbeiten oder nicht, das ist mir egal. Meinetwegen kann er so verrückt aussehen. Das ist mir gleich. Das ist seine Sache. Dann darf er aber kein Geld vom Arbeitsamt verlangen. Ich finde, das geht dann nicht.

2. Diskutieren Sie.

Das	stimmt.	Genau!	Das stimmt,	aber ...
	ist richtig.	Einverstanden!	Sicher,	
	ist wahr.	Richtig!	Sie haben recht,	
...		...	...	

Da bin ich anderer Meinung.	Da bin ich nicht sicher.	Da bin ich ganz sicher.
Das finde ich nicht.	Das glaube ich nicht.	Das können Sie mir glauben.
Das	stimmt nicht.	Wie können Sie das wissen?	Das weiß ich genau.
	ist falsch.	Wissen Sie das genau?	...
	ist nicht wahr.	Sind Sie sicher?	
...		...	

3. Welches Wort paßt?

ärgern	normal	kritisieren	verrückt	pünktlich	kündigen	Frisur	verlangen	
wirklich	Fehler	angenehm	arbeitslos	Arbeitgeber		Arbeitsamt	zufrieden	
				Stelle				

a) Jemand hat keine Stelle. Er (Sie) ist _____ .

b) Der Chef einer Firma ist der _____ .

c) Jemand will nicht mehr in seiner Firma arbeiten. Dann muß er (sie) _____ .

d) Sie hat keine Arbeit. Sie sucht eine _____ .

e) Hans ist arbeitslos. Er bekommt Geld vom _____ .

f) Heinz hat selbst gekündigt. Ich glaube, das war ein _____ .

g) Das macht jeder. Das ist ganz _____ .

h) Vorher hatte Karin lange Haare. Jetzt hat sie eine kurze _____ .

i) Klaus kommt nie zu spät. Er ist immer _____ .

j) Eine Irokesenfrisur, das ist doch nicht normal, das ist _____ .

k) Heinz war ein guter Angestellter. Sein Arbeitgeber war mit ihm _____ .

l) Heinz hat nicht recht. Er kann vom Arbeitsamt kein Geld _____ .

4. Was können Sie auch sagen?

a) *Das finde ich auch.*
   - Ⓐ Das ist gut.
   - Ⓑ Das gefällt mir auch.
   - Ⓒ Das meine ich auch.

b) *Das macht doch nichts.*
   - Ⓐ Das ist doch egal.
   - Ⓑ Das macht man nicht.
   - Ⓒ Das ist doch kein Problem.

c) *Das ist falsch.*
   - Ⓐ Das ist nicht wahr.
   - Ⓑ Das ist nicht richtig.
   - Ⓒ Das weiß ich nicht.

d) *Da haben Sie recht.*
   - Ⓐ Da bin ich Ihrer Meinung.
   - Ⓑ Da haben Sie eine Chance.
   - Ⓒ Das finde ich auch.

e) *Das stimmt, aber...*
   - Ⓐ Sicher, aber...
   - Ⓑ Nein, aber...
   - Ⓒ Richtig, aber...

f) *Das stimmt.*
   - Ⓐ Einverstanden.
   - Ⓑ Das ist richtig.
   - Ⓒ Meinetwegen.

g) *Das glaube ich nicht.*
   - Ⓐ Das sieht nicht gut aus.
   - Ⓑ Da bin ich anderer Meinung.
   - Ⓒ Da bin ich sicher.

h) *Sind Sie sicher?*
   - Ⓐ Sind Sie richtig?
   - Ⓑ Haben Sie recht?
   - Ⓒ Wissen Sie das genau?

i) *Meinetwegen.*
   - Ⓐ Das weiß ich genau.
   - Ⓑ Das können Sie mir glauben.
   - Ⓒ Das ist mir egal.

j) *Da bin ich anderer Meinung.*
   - Ⓐ Das weiß ich genau.
   - Ⓑ Das ist mir egal.
   - Ⓒ Das glaube ich nicht.

Der längste Mann der Welt

Muhammad Alam Channa ist zwei Meter und 51 Zentimeter groß. Aber der große Mann aus einem pakistanischen Bergdorf ist nicht glücklich, er möchte lieber kleiner sein.

Der zehn Jahre alte Muhammad aus dem Bergdorf Schwan, rund 300 km nördlich von Karatschi, der größten Stadt in Pakistan, war ein ganz normaler Junge. Aber dann wurde er plötzlich immer größer, und schließlich war er der größte Mann der Welt: 2,51 m! Das hat ihn berühmt gemacht, sein Name steht im Guinness Buch der Weltrekorde.

Aber Muhammad Alam Channa, von Beruf Aufseher in der Moschee seines Dorfes, möchte lieber kleiner sein, denn das Leben als größter Mann der Welt ist nicht leicht. Er ist 200 kg schwer und braucht Essen für drei Personen. Die fertigen Kleider aus Textil-Geschäften passen ihm nicht, er braucht Spezialkleidung. Die Zimmer in normalen Häusern und Wohnungen sind für ihn nicht hoch genug. Herr Channa muß sich immer klein machen und kann nicht normal gehen. Auch die normalen Betten sind für ihn zu klein; er schläft deshalb in zwei Doppelbetten, die zusammenstehen. Einmal in einem normalen Auto zu fahren bleibt für ihn ein Traum – kein Personenwagen paßt für seine Größe, er kann nur in Lastwagen und Bussen fahren. Und auf der Straße geht er auch nicht gerne spazieren, denn viele Leute bleiben stehen und schauen ihn an oder wollen ihn sogar anfassen. Das alles macht sein Leben schwierig. Deshalb hat Herr Channa nur einen Wunsch: er möchte so klein sein wie alle anderen Leute und so wie alle anderen Leute leben.

Die Schweizer
Fernfahrerin
Irène Liggenstorfer

*Warum findet eine Frau
diesen Job interessant?
Freundin wollte das
wissen und ist deshalb
mitgefahren, von Bern
nach Turin.*

Diese Frau fährt einen 20-Tonner

Als wir in Bern in ihren Lkw steigen, denke ich: Sie könnte gerade auf dem Weg ins Büro sein, mit ihrem blauen Jeansrock und der hellen Bluse. Aber die 26jährige Schweizerin Irène Liggenstorfer hat einen ganz anderen Job. Zwei- bis dreimal pro Woche fährt sie einen schweren Laster mit Anhänger und 20 Tonnen Ladung von Deutschland über den großen Sankt Bernhard nach Italien.

Eigentlich ist Irène Krankenschwester von Beruf. Sie arbeitete als Gemeindeschwester, aber sie hörte damit auf, als sie ihren Mann kennenlernte. Er war Fernfahrer und brachte Industriegüter von der Schweiz nach Teheran. Irène fuhr drei Jahre lang als Beifahrerin mit – ohne Gehalt, aus Spaß. Eine sehr anstrengende Arbeit, aber gerade das hat ihr so gut gefallen, daß sie selbst den Lkw-Führerschein machte. Jetzt fährt sie

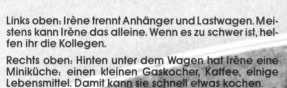

Links oben: Irène trennt Anhänger und Lastwagen. Meistens kann Irène das alleine. Wenn es zu schwer ist, helfen ihr die Kollegen.

Rechts oben: Hinten unter dem Wagen hat Irène eine Miniküche: einen kleinen Gaskocher, Kaffee, einige Lebensmittel. Damit kann sie schnell etwas kochen.

Rechts: Irène legt den Fahrtenschreiber ein. Er schreibt automatisch Fahrzeit und Pausen auf. Die Polizei kontrolliert die Fahrtenschreiber, denn Lastwagenfahrer dürfen nur acht Stunden am Tag fahren und müssen auch Pausen machen.

ihren eigenen Lkw – in derselben Firma wie ihr Mann. Gegen ein Uhr mittags fahren wir los. Wir müssen schnell machen, denn Irène möchte noch am gleichen Tag in Turin sein. Der Motor ist so laut, daß mir schon nach einer Stunde die Ohren brummen. Irène findet das nicht schlimm. Der Lkw, ein Volvo, ist eben ziemlich alt, Baujahr '75. Der Motor hat schon fast 500 000 Kilometer drauf. Aber sie liebt gerade dieses Auto. „Das ist noch ein echter Lkw", meint sie. In einer Raststätte essen wir schnell zu Mittag. Danach fahren wir weiter durch die Alpen. „Im Winter ist diese Strecke sehr gefährlich", meint Irène. Bei Schnee muß sie Schneeketten montieren. Eine Kette ist 20 Kilo schwer.

Allein kann sie das nicht immer. „Einmal hat mir ein Kollege bei minus 20 Grad geholfen. Wir haben beide geweint, so kalt war es. Erst nach einer halben Stunde hatten wir mit blutenden Händen die Ketten dran." Aber heute ist schönes Wetter, und alles klappt ausgezeichnet. Nach vier Stunden Fahrt muß Irène eine Pause machen, das ist Gesetz. Wenn sie nur etwas länger als vier Stunden fährt und die Polizei sie kontrolliert, muß sie eine Strafe bezahlen. Da hilft keine Entschuldigung, auch dann nicht, wenn sie auf der Autobahn in einen Stau kommt und deshalb nicht zum nächsten Parkplatz weiterfahren kann. „In Deutschland und in Italien gelten noch dazu

ganz andere Pausengesetze als in der Schweiz. Richte ich mich nach dem Schweizer Gesetz, werde ich dort bestraft. Ich komme dauernd mit diesen Gesetzen in Konflikt", sagt Irène. Lkw-Fahren ist keine leichte Arbeit. Irènes Lkw hat 16 Gänge, dauernd muß sie schalten. In den Städten kostet Lkw-Fahren sehr viel Konzentration und Nerven. Das merke ich besonders, als wir in Turin ankommen und Irène den breiten Laster durch die engen Straßen der Altstadt fahren muß. Manchmal habe ich Angst, daß ein Unfall passiert, oder daß wir nicht mehr vor und zurück fahren können. Aber Irène lacht dann nur, für sie ist das alltägliche Arbeit. Sie ist eben ein echter Profi.

Mein erster Schulgang 1960

Was Hänschen nicht lernt, lernt Hans nimmermehr.

$E=mc^2$

Das will ich werden

Zoodirektor

Das ist ein schöner Beruf. Ich habe viele Tiere. Die Löwen sind gefährlich. Aber ich habe keine Angst. *Peter, 9 Jahre*

Politiker

Ich bin oft im Fernsehen. Ich habe ein großes Haus in Bonn. Der Bundeskanzler ist mein Freund. *Klaus, 10 Jahre*

Sportlerin

Ich bin die Schnellste in der Klasse. Später gewinne ich eine Goldmedaille. *Gabi, 9 Jahre*

Fotomodell

Das ist ein interessanter Beruf. Ich habe viele schöne Kleider. Ich verdiene viel Geld. *Sabine, 8 Jahre*

Nachtwächter

Dann arbeite ich immer nachts. Ich muß nicht ins Bett gehen. Ich habe einen großen Hund. *Paul, 8 Jahre*

Dolmetscherin

Ich verstehe alle Sprachen. Dieser Beruf ist ganz wichtig. Ich kann oft ins Ausland fahren. *Julia, 10 Jahre*

1. Wer hat was geschrieben?

P. 151, 2a

Sabine: Ich will Fotomodell werden, weil ich dann viel Geld verdiene.

. . . . . :   , weil ich dann alle Sprachen verstehe.

. . . . . :   , weil ich dann oft im Fernsehen bin.

. . . . . :   , weil der Beruf ganz wichtig ist.

. . . . . :   , weil ich dann nicht ins Bett gehen muß.

. . . . . :   , weil ich dann viele Tiere habe.

. . . . . :   , weil ich dann schöne Kleider habe.

```
Nebensatz mit 'weil'

                    Das ist  ein schöner Beruf.
..., weil  das             ein schöner Beruf    ist

                    Ich habe dann schöne Kleider.
..., weil  ich              dann schöne Kleider  hab
```

2. Fragen Sie Ihren Nachbarn.

○ Warum will Paul Nachtwächter werden?
□ Weil er dann immer nachts arbeitet, und weil . . .
○ Und warum will Gabi . . .
□ . . .

```
Heute (Präsens)
Ich   will   Ingenieur werden.
Früher (Präteritum)
Ich   wollte  Ingenieur werden.
```

3. Was wollten Sie als Kind werden? Was wollen Sie jetzt werden? Warum?

P. 151, 1

Wunschberufe der Jugend

Von je 1000 Schulabgängern nannten als Berufswunsch:

61 Elektriker	Büroangestellte 127
60 Kfz-Mechaniker	Verkäuferin 65
47 Büroangestellter	Sprechstundenhilfe 61
Tischler 39	38 Krankenschw.
Ingenieur 35	33 Friseuse
Maschinenschlosser 21	27 Kindergärtnerin
Kaufmann 20	21 Bankangestellte
Funk- u. Fernsehtechn. 19	20 Masseuse, Krankengymn.
Maurer 19	18 Lehrerin
Maler 17	15 Sozialpädagogin
Koch 15	14 Hauswirtschafterin
Installateur 15	14 Technische Zeichnerin

Sind Sie mit Ihrem Beruf zufrieden?

Nein, nicht so sehr. Eigentlich wollte ich Dolmetscherin werden. Ich habe auch zwei Jahre ein Sprachinstitut besucht und war in den USA, aber dann war ich lange Zeit krank. Danach habe ich dann das Dolmetscherdiplom nicht mehr gemacht, weil ich schnell Geld verdienen wollte. Jetzt bin ich schon acht Jahre in meiner Firma, aber ich konnte noch nie selbständig arbeiten. Mein Chef möchte am liebsten alles selbst machen.

Petra Maurer, 29 Jahre, Sekretärin

Meine Eltern haben eine Autowerkstatt, deshalb mußte ich Automechaniker werden. Das war schon immer klar, obwohl ich eigentlich nie Lust dazu hatte. Mein Bruder hat es besser. Der durfte seinen Beruf selbst bestimmen, der ist jetzt Bürokaufmann. Also, ich möchte auch lieber im Büro arbeiten. Meine Arbeit ist schmutzig und anstrengend, und mein Bruder geht jeden Abend mit sauberen Händen nach Hause.

Max Pächter, 22 Jahre, Automechaniker

Leider nicht. Ich war Möbelpacker, aber dann hatte ich einen Unfall und konnte die schweren Möbel nicht mehr tragen. Jetzt bin ich Nachtwächter, weil ich keine andere Arbeit finden konnte. Ich muß am Tag schlafen, und wir haben praktisch kein Familienleben mehr.

Frank Seifert, 48 Jahre, Nachtwächter

Ja. Ich sollte Lehrerin werden, weil mein Vater und mein Großvater Lehrer waren. Aber ich wollte nicht studieren. Ich habe eine Ausbildung als Kinderkrankenschwester gemacht. Ich finde die Arbeit sehr schön, obwohl ich viele Überstunden machen muß.

Eva Amman, 25 Jahre, Krankenschwester

1. Wer ist zufrieden? Wer ist unzufrieden? Warum?

Name	Beruf	zufrieden?	warum?
Petra M.	Sekretärin	nein	kann nicht selbständig arbeiten
Max P.			
Frank S.			
Eva A.			

Petra Maurer ist Sekretärin. Sie ist unzufrieden, weil sie nicht selbständig arbeiten kann.

Max P. ist . . .

P. 151, 1

2. Wollte – sollte – mußte – konnte – durfte.

Welches Modalverb paßt?

a) Petra Maurer _____ lange Zeit nicht arbeiten, weil sie
   krank war. Dann _____ sie das Dolmetscherdiplom
   nicht mehr machen. Als Sekretärin _____ sie gleich
   Geld verdienen.

b) Max Pächter _____ eigentlich nicht Automechaniker
   werden, aber er _____, weil seine Eltern eine Werkstatt haben.
   Sein Bruder _____ Bürokaufmann werden.

c) Frank Seifert _____ eine andere Arbeit suchen, weil er einen Unfall hatte. Eigentlich _____ er nicht Nachtwächter werden, aber er _____ nichts anderes finden.

d) Eva Amman _____ eigentlich nicht Krankenschwester werden. Ihre Eltern _____
   lieber noch eine Lehrerin in der Familie. Aber sie _____ dann doch im Krankenhaus
   arbeiten.

Präteritum

Ich	wollte			Er/sie	wollte
	konnte				konnte
	durfte				durfte
	sollte				sollte
	mußte				mußte

3. Zufrieden oder unzufrieden?

wenig Arbeit haben   schlechte Arbeitszeit haben   viel Geld verdienen   in die Schule gehen müssen

eine anstrengende Arbeit haben   keine Freizeit haben

viele Länder sehen

Er	ist	zufrieden,	weil …
Sie		unzufrieden,	obwohl …

viel Arbeit haben

reich sein

schwer arbeiten müssen

nicht arbeiten müssen   eine schmutzige Arbeit haben   einen schönen Beruf haben

nachts arbeiten müssen   nach Hause gehen wollen   viel Geld haben

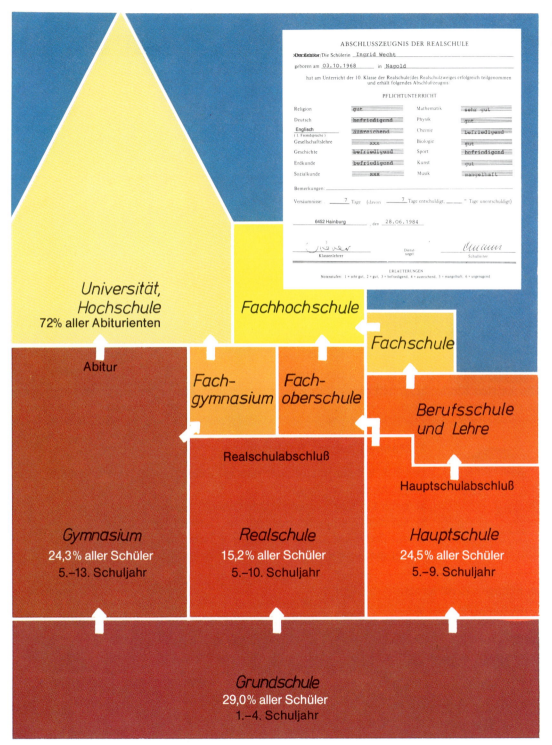

ABSCHLUSSZEUGNIS DER REALSCHULE

Der Schüler/Die Schülerin Ingrid Wecht

geboren am 03.10.1968 in Nagold

hat am Unterricht der 10. Klasse der Realschule/des Realschulzweiges erfolgreich teilgenommen
und erhält folgendes Abschlußzeugnis:

PFLICHTUNTERRICHT

Religion	gut	Mathematik	sehr gut
Deutsch	befriedigend	Physik	gut
Englisch (1. Fremdsprache)	ausreichend	Chemie	befriedigend
Gesellschaftslehre	xxx	Biologie	gut
Geschichte	befriedigend	Sport	befriedigend
Erdkunde	befriedigend	Kunst	gut
Sozialkunde	xxx	Musik	mangelhaft

Bemerkungen:

Versäumnisse: _____7____ Tage (davon ____7____ Tage entschuldigt, _____ Tage unentschuldigt)

6452 Hainburg _____ , den 28.06.1984

Klassenlehrer   Dienst-
                       siegel   Schulleiter

ERLÄUTERUNGEN

Notenstufen: 1 = sehr gut, 2 = gut, 3 = befriedigend, 4 = ausreichend, 5 = mangelhaft, 6 = ungenügend

Universität, Hochschule
72% aller Abiturienten

Fachhochschule

Fachschule

Abitur

Fachgymnasium

Fachoberschule

Berufsschule und Lehre

Realschulabschluß

Hauptschulabschluß

Gymnasium
24,3% aller Schüler
5.–13. Schuljahr

Realschule
15,2% aller Schüler
5.–10. Schuljahr

Hauptschule
24,5% aller Schüler
5.–9. Schuljahr

Grundschule
29,0% aller Schüler
1.–4. Schuljahr

1. Was ist richtig? Was ist falsch? Korrigieren Sie die falschen Aussagen.

Das Schulsystem in der Bundesrepublik Deutschland	Richtig	Falsch
a) Die Grundschule dauert in der Bundesrepublik 5 Jahre.		
b) Jedes Kind muß die Grundschule besuchen. Wenn man die Grundschule besucht hat, kann man zwischen Hauptschule, Realschule und Gymnasium wählen.		
c) In der Bundesrepublik gibt es Zeugnisnoten von 1 bis 6.		
d) 6 ist die beste, 1 die schlechteste Note.		
e) Auch Religion ist in der Bundesrepublik ein Schulfach.		
f) Wenn man studieren will, muß man das Abitur machen.		
g) Das Abitur kann man auf der Realschule machen.		
h) Wenn man den Realschulabschluß oder den Hauptschulabschluß gemacht hat, kann man auch noch auf das Gymnasium gehen.		
i) Auf der Hauptschule kann man eine Lehre machen.		
j) Nur 72 Prozent Abiturienten fangen nach dem Abitur ein Studium auf der Universität an.		
k) Alle Schüler müssen auf die Hauptschule gehen.		

2. Berichten Sie über das Schulsystem in Ihrem Land.

Alle Kinder müssen . . . Jahre die Schule besuchen.   Jedes Kind kann . . .
Jedes Kind kann sich die Schule aussuchen.   Manche Schüler . . .
Die meisten Kinder besuchen die . . .   Die . . . schule dauert . . . Jahre.
Es gibt Zeugnisnoten von . . . bis . . .   Wenn man studieren will, muß man . . .

P. 152, 2b

3. Manfred Zehner, Realschüler

Das 9. Schuljahr ist zu Ende. Manfred Zehner hat jetzt verschiedene
Möglichkeiten. Er kann
a) noch ein Jahr zur Realschule gehen.
b) auf das Gymnasium oder auf die Gesamtschule gehen.
c) mit der Schule aufhören und eine Lehre machen.
d) mit der Schule aufhören und eine Arbeit suchen.

```
+ einen richtigen Beruf lernen
+ den Realschulabschluß bekommen
+ das Abitur machen können
+ schon gleich Geld verdienen können
− später keinen richtigen Beruf haben
− noch mindestens vier Jahre kein Geld
  verdienen
− noch kein Geld verdienen können
− später nicht studieren können
```

Manfred überlegt die Vorteile und Nachteile.

a) Wenn er noch ein Jahr zur Realschule geht,
    dann | bekommt er den Realschulabschluß.
         | kann er noch kein Geld verdienen.
         | . . .

b) Wenn er . . .

Nebensatz (= Inversionssignal)   Hauptsatz
Wenn er eine Lehre macht, − verdient er Geld
                              dann verdient er Geld

4. Sie können es auch anders sagen.

so oder so

a) Thomas möchte nicht mehr zur Schule gehen, denn er hat keine Lust mehr.

Thomas möchte nicht mehr zur Schule gehen, weil er keine Lust mehr hat.

b) Jens findet seine Stelle nicht gut, weil er zu wenig Freizeit hat.

Jens findet seine Stelle nicht gut, denn ...

c) Herr Köster kann nächste Woche nicht arbeiten, denn er hatte gestern einen Unfall.

d) Manfred soll noch ein Jahr zur Schule gehen, denn er hat keine Stelle gefunden.

e) Christophs neue Stelle ist besser, weil er jetzt selbständiger arbeiten kann.

f) Kerstin kann nicht studieren, denn sie hat nur die Hauptschule besucht.

g) Andrea möchte kein Abitur machen, weil Studenten auch nur schwer eine Stelle finden.

h) Cornelia hat doch noch das Abitur gemacht, denn sie konnte keine Lehrstelle finden.

i) Simon mag seinen Beruf nicht, weil er eigentlich Automechaniker werden wollte.

j) Herr Bender möchte einen anderen Beruf, denn er hat nur wenig Zeit für seine Familie.

5. Geben Sie einen Rat.

Wolfgang hat gerade seinen Realschulabschluß gemacht. Er weiß noch nicht, was er jetzt machen soll. Geben Sie ihm einen Rat.

a) Bankkaufmann werden – jetzt schnell eine Lehrstelle suchen

Wenn du Bankkaufmann werden willst, dann mußt du jetzt schnell eine Stelle suchen.

dann such jetzt schnell eine Stelle.

Ebenso:

b) studieren – aufs Gymnasium gehen

c) sofort Geld verdienen – die Stellenanzeigen in der Zeitung lesen

d) nicht mehr zur Schule gehen – einen Beruf lernen

e) keine Lehrstelle finden – weiter zur Schule gehen

f) später zur Fachhochschule gehen – jetzt zur Fachoberschule gehen

g) einen Beruf lernen – die Leute beim Arbeitsamt fragen

6. ‚Wenn‘, ‚weil‘ oder ‚obwohl‘? Ergänzen Sie.

Helga ist Sekretärin. Abends geht sie noch zur Schule. Sie lernt Englisch und Französisch.

○ Willst du deine Stelle wechseln, _____ du mit der Schule fertig bist?

□ Ich glaube ja, _____ ich jetzt ganz gut verdiene.

○ Und was machst du, _____ du keine findest?

□ Ach, das ist nicht so schwer, _____ ich jetzt zwei Sprachen kann.

○ Hat eine Sekretärin wirklich bessere Berufschancen, _____ sie Englisch und Französisch kann?

□ Ich bin nicht sicher, _____ ich ja noch nicht gesucht habe. Aber ich bin auch nicht traurig, _____ ich keine andere Stelle finde.

○ Es ist dir egal, _____ du nichts Besseres findest, _____ du zwei Jahre die Abendschule besucht hast?

□ Warum? Es ist doch immer gut, _____ man Sprachen kann.

Manfred Zehner

A. Hören Sie das Gespräch.

B. Was stimmt nicht? Korrigieren Sie den Text.

Manfred will mit der Schule aufhören, weil er ein schlechtes Zeugnis hat. Er will eine Lehre machen, wenn er eine Lehrstelle findet. Manfreds Vater findet diese Idee gut. Er sagt: „Die Schulzeit ist die schlimmste Zeit im Leben." Manfreds Mutter sagt zu ihrem Mann: „Sei doch nicht so dumm! In einem Jahr hat Manfred einen richtigen Schulabschluß."

Manfred kann auch auf das Gymnasium gehen und dann studieren. Das möchte er aber nicht, weil Akademiker so wenig Geld verdienen.

C. Machen Sie mit Ihrem Nachbarn ein Rollenspiel: Ihre Schwester (Ihr Bruder) will mit der Schule aufhören, aber sie (er) hat noch kein Abschlußzeugnis.

Jugend '84

Ohne Zukunft?

»Ich bewerbe mich jetzt für nächstes Jahr. Vielleicht klappt es dann.«
Andrea B. (16), Gelsenkirchen, ohne Lehrstelle

Obwohl junge Leute heute eine bessere schulische Ausbildung als früher haben, finden sie schwerer eine Lehrstelle.

Andrea wohnt bei ihren Eltern. Sie ist 16, trägt Jeans und T-Shirt, aber sie spricht wie eine alte Frau ohne Zukunft: »Jeden Tag mache ich die Wohnung sauber«, sagt sie. »Manchmal muß ich nicht viel tun. Dann bin ich, wenn ich um neun anfange, schon um halb zehn fertig und weiß nicht, was ich tun soll.«

Andrea B. aus Gelsenkirchen ist arbeitslos. Sie möchte Krankenschwester werden, findet aber nirgends eine Lehrstelle. Andrea hat schon 38 Bewerbungen geschrieben, aber immer war die Antwort negativ. »Wir verlangen einen Notendurchschnitt von 2,5. Leider haben Sie nur einen von 2,8«, heißt es oft in den Antwortbriefen. »Außerdem«, so Andrea, »nehmen uns die Abiturienten oft die Lehrstellen weg.«

Niemand kann ihr helfen, auch das Arbeitsamt nicht. »Die sagen immer nur: Gehen Sie doch noch drei Jahre zum Gymnasium und machen Sie das Abitur. Dann können Sie studieren.« Denn wenn die Jugendlichen zur Schule gehen, sind sie offiziell nicht mehr arbeitslos. Die Statistik sieht also besser aus, weil die jungen Leute länger zur Schule gehen, obwohl sie lieber einen Beruf lernen möchten. »Das hat doch keinen Zweck«, sagt Andrea. »Da geht man drei Jahre zur Schule, macht vielleicht das Abitur und findet dann oft trotzdem keine Stelle. Also studiert man, macht Examen und ist wieder arbeitslos.«

Andrea möchte noch fünf oder sechs Monate warten und eine Lehrstelle suchen. »Wenn ich aber dann doch nichts gefunden habe, gehe ich vielleicht doch noch zur Schule. Das ist immer noch besser als ein langweiliger Büroberuf«, meint Andrea und denkt an ihre Freundin Regina. Die wollte eigentlich Erzieherin werden, hat aber keine Lehrstelle gefunden und wird jetzt Sekretärin. Sie ist, so Andrea, sehr unzufrieden und möchte, wenn sie eine Chance bekommt, den Beruf wechseln.

1. Was paßt zusammen?

Viele junge Leute haben Probleme,	obwohl sie lieber arbeiten möchten.
Andrea ist jung,	hat sie noch keine Lehrstelle gefunden.
Andrea findet ihr Leben langweilig,	weil sie eigentlich Erzieherin werden wollte.
Andrea will nicht studieren,	geht sie vielleicht doch weiter zur Schule.
Andrea möchte nicht im Büro arbeiten,	weil sie das uninteressant findet.
Wenn Andrea keine Stelle findet,	weil sie dann bestimmt auch keine Stelle findet.
Andreas Freundin ist sehr unzufrieden,	weil sie keine Arbeit hat.
Viele junge Leute machen Abitur,	wenn sie eine Stelle suchen.
Obwohl Andrea schon 38 Bewerbungen geschrieben hat,	aber sie spricht wie eine alte Frau.

2. Beschreiben Sie Andreas Situation mit Ihren Worten.

P. 152, 3

Andrea | ist . . .   Sie bekommt keine Lehrstelle, weil . . .
         | hat . . .   Die Abiturienten . . .
         | sucht . . .   Das Arbeitsamt | kann . . .
         | wohnt . . . | hat . . .
         | schreibt . . .   Andrea möchte nicht . . ., weil . . .
         | möchte . . .   Sie findet Schule . . . als . . .

3. Beschreiben Sie die Situation von Jörn.

Realschulabschluß, 17 Jahre, möchte Automechaniker werden, Eltern wollen das nicht, soll Polizist werden (Beamter,
sicherer Arbeitsplatz), Jörn will aber nicht, ein Jahr eine Lehrstelle gesucht, zufällig letzten Monat eine gefunden, Beruf
macht Spaß, aber wenig Geld

4. Welche Schulen haben Ihre Eltern besucht? Was haben sie nach der Schule gemacht?

Prüfung gemacht   Diplom gemacht   studiert   die . . . schule besucht

eine Reise gemacht   zur Universität gegangen

eine Lehre gemacht   gearbeitet   . . .

. . . Jahre zur Schule gegangen   ins Ausland gegangen   geheiratet

```
Wiederholung: Perfekt
machen  - ich habe gemacht
arbeiten - ich habe gearbeitet
gehen   - ich bin  gegangen
. . .
```

Stellenangebote

ALKO-DATALINE

sucht eine **Sekretärin**
für die Rechnungsabteilung.

Wir – sind ein Betrieb der Elektronikindustrie
– arbeiten mit Unternehmen im Ausland zusammen
– bieten Ihnen ein gutes Gehalt, Urlaubsgeld, 30 Tage Urlaub, Essen und Sportmöglichkeiten im Betrieb, ausgezeichnete Karrierechancen
– versprechen Ihnen einen interessanten Arbeitsplatz mit Zukunft, aber nicht immer die 5-Tage-Woche

Sie – sind ca. 25–30 Jahre alt und eine dynamische Persönlichkeit – sprechen perfekt Englisch – arbeiten gern im Team – lösen Probleme selbständig – möchten in Ihrem Beruf vorwärts kommen.

Rufen Sie unseren Herrn Waltemode unter der Nummer 20 03 56 an oder schicken Sie uns Ihre Bewerbung.

ALKO-DATALINE
Industriestraße 27, 6050 Offenbach

Unser Betrieb wird immer größer. Unsere internationalen Geschäftskontakte werden immer wichtiger. Deshalb brauchen wir eine zweite

Chefsekretärin

mit guten Sprachkenntnissen in Englisch und mindestens einer weiteren Fremdsprache. Zusammen mit Ihrer Kollegin arbeiten Sie direkt für den Chef des Unternehmens. Sie bereiten Termine vor, sprechen mit Kunden aus dem In- und Ausland, besuchen Messen, schreiben Verträge, mit einem Wort: Auf Sie wartet ein interessanter Arbeitsplatz in angenehmer Arbeitsatmosphäre. Außerdem bieten wir Ihnen: 13. Monatsgehalt, Betriebsrente, Kantine, Tennisplatz, Schwimmbad.

Böske & Co. Automatenbau
Görickestraße 1–3, 6100 Darmstadt

Wir sind ein Möbelunternehmen mit 34 Geschäften in der ganzen Bundesrepublik. Für unseren Verkaufsdirektor suchen wir dringend eine

Chefsekretärin

mit mehreren Jahren Berufserfahrung. Wir bieten einen angenehmen und sicheren Arbeitsplatz mit sympathischen Kollegen, gutem Betriebsklima und besten Sozialleistungen. Wenn Sie ca. 30–35 Jahre alt sind, perfekt Schreibmaschine schreiben, selbständig und allein arbeiten können, bewerben Sie sich bei:

Baumhaus KG
Postfach 77, 4450 Hanau am Main
Telefon (0 61 81) 36 02 –239

---

1. Was für eine Sekretärin suchen die drei Firmen?

A. Wie soll sie sein?
Was soll sie können?

B. Was bieten die Betriebe?
Was versprechen sie?

ALKO-Dataline sucht eine junge Sekretärin. Sie soll gut Englisch sprechen und ...

Die Baumhaus KG bietet einen sicheren Arbeitsplatz und ...

C. Wie ist es in Ihrem Land?
Was muß eine Sekretärin können? Was für eine Ausbildung muß sie haben?
Was bietet ein größerer Betrieb seinen Angestellten?

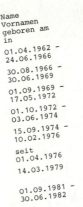

Firma Baumhaus KG
Personalabteilung
Industriestraße 27
6050 Offenbach

Betr.: Bewerbung als Chefsekretärin
    Ihre Anzeige vom 4.2.1983 in der
    Frankfurter Allgemeinen Zeitung

Sehr geehrte Damen und Herren,

Ich bewerbe mich hiermit um die Stelle als Chefsekretärin in Ihrer Firma. Seit 1976 arbeite ich als
Sekretärin bei der Firma Euro-Mobil in Offenbach.
Ich möchte gerne selbständiger arbeiten und suche
deshalb eine neue Stelle mit interessanteren Aufgaben.

Mit freundlichen Grüßen

Petra Maurer

Lebenslauf

Name	Maurer, geb. Pott
Vornamen	Petra Maria Barbara
geboren am	16.08.1955
in	Aschaffenburg / Main
01.04.1962 – 24.06.1966	Grundschule in Bergen-Enkheim
30.08.1966 – 30.06.1969	Schillergymnasium in Frankfurt/M.
01.09.1969 – 17.05.1972	Brüder-Grimm-Realschule in Frankfurt Realschulabschluß
01.10.1972 – 03.06.1974	Dolmetscherinstitut in Mainz (Englisch / Spanisch)
15.09.1974 – 10.02.1976	Sprachpraktikum in den U.S.A.
seit 01.04.1976	Sekretärin bei Fa. Euromobil-Import / Export Offenbach
14.03.1979	Heirat mit dem Exportkaufmann Jochen Maurer
01.09.1981 – 30.06.1982	Abendschule (Sekretärinnenkurs) Abschlußprüfung vor der Industrie- und Handelskammer: geprüfte Sekretärin
21.03.1982	Scheidung
jetzige Stelle:	Sekretärin bei Fa. Euromobil

2. Warum möchte Petra Maurer die Stelle wechseln?

Lesen Sie noch einmal den Text auf Seite 43!

3. Beschreiben Sie den Lebenslauf von Petra Maurer.

Vom ersten April 1962 bis zum 24. Juni 1966 hat sie . . .
Am . . . hat sie den Realschulabschluß gemacht.
Seit dem . . .

. . .

Datum
    der erste April (Welcher Tag?)
    am ersten April (Wann?)
seit dem ersten April (Seit wann?)
    vom ersten April } (Wie lange?)
bis zum ersten Mai

4. Petra Maurer beim Personalchef der Firma Böske & Co.

A. Hören Sie das Gespräch.

B. Was ist richtig?

a) Petra war in den USA
   ☐ bei Freunden.
   ☐ in einem Sprachinstitut.
   ☐ zuerst im Institut und dann bei
      Freunden.

b) Petra kann
   ☐ nur sehr schlecht Spanisch.
   ☐ nur Spanisch sprechen, aber nicht
      schreiben.
   ☐ Spanisch sprechen und schreiben.

c) Petra hat nur 3 Jahre das Gymnasium
   besucht,
   ☐ weil sie kein Abitur machen wollte.
   ☐ weil sie dort schlechte Noten hatte.
   ☐ weil sie Dolmetscherin werden wollte.

d) Petra ist nach Deutschland zurückge-
   kommen,
   ☐ weil sie kein Geld mehr hatte.
   ☐ weil sie krank war.
   ☐ weil sie nicht länger bleiben wollte.

5. Machen Sie ein Rollenspiel mit Ihrem Nachbarn.

Petra Maurer ist beim Personalchef von Alko-Dataline (Firma Baumhaus KG).

A. Notieren Sie vorher Ihre Fragen:

Personalchef		Petra Maurer
Warum haben Sie . . . ?	Können Sie . . . ?	Wieviel . . . ?
Warum sind Sie . . . ?	Wieviel . . . ?	Wie lange . . . ?
Warum möchten Sie . . . ?	Wann . . . ?	Wann . . . ?
Was haben Sie zwischen . . .	. . .	Wie . . . ?
und . . . gemacht?		. . .

B. Machen Sie dann das Rollenspiel im Kurs.

6. Vergleichen Sie Petras Notizen mit den Anzeigen auf Seite 50.

A. Was ist für Petra wichtig? Was findet sie nicht wichtig?

B. Was findet sie bei den Firmen gut? Was findet sie schlecht?

C. Welche Stelle finden Sie am besten? Warum?

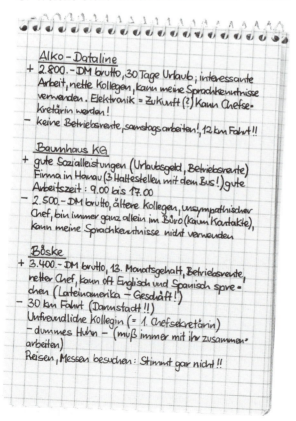

Wunschliste für den Beruf

Als wichtige Gründe für die Berufswahl nannten von je 100 Befragten:

Sicherer Arbeitsplatz	**76**
Guter Verdienst	**58**
Soziale Sicherheit	**50**
Interessante Arbeit	**40**
Gute Kollegen	**38**
Leichte Arbeit	**32**
Kurze Fahrt	**28**
Karriere	**23**
Selbst. Arbeit	**22**
Prestige	**21**
Viel Freizeit	**19**

Viel Geld, viel Freizeit, eine interessante Arbeit, gute Karrierechancen und nette Kollegen möchte natürlich jeder gerne haben. Aber alles zusammen, das gibt es selten. Wenn Sie wählen müssen, was ist für Sie wichtiger? Sicherer Arbeitsplatz oder guter Verdienst? Interessante Arbeit oder viel Freizeit? Nette Kollegen oder selbständige Arbeit? Gute Karrierechancen oder kurze Fahrt zum Arbeitsort?

□ Sag mal, Petra, du suchst doch eine neue Stelle, nicht? Hast du schon etwas gefunden?

○ Ja, ich habe sogar drei Angebote. Eins ist ziemlich interessant: Alko-Dataline in Offenbach. Die zahlen gut, und die Kollegen sind nett, glaube ich.

□ Ist das denn ein sicherer Arbeitsplatz?

○ Na ja, genau kann man das nie wissen. Die Firma ist noch jung, aber Elektronikindustrie – das hat Zukunft.

□ Und? Nimmst du die Stelle?

○ Ich weiß noch nicht. Wenn ich sie nehme, muß ich jeden Tag zwölf Kilometer fahren. Eigentlich wollte ich lieber eine Stelle hier in der Stadt.
Außerdem gefällt mir die Arbeitszeit nicht.

□ Also, das finde ich nicht so schlimm.
Du hast doch ein Auto.

○ Trotzdem, ich muß nochmal darüber nachdenken.

□ Wie sind denn die anderen Angebote?

○ . . .

Du Petra, suchst du nicht eine neue Arbeit? / einen neuen Job?
Wolltest du nicht | die Stelle | wechseln?
                | den Job |
Was macht deine Bewerbung?

(Ja,) Ich war bei drei Firmen / Betrieben.
Ein Angebot | gefällt mir | ganz gut. . . .
             | finde ich |
Die bieten ein gutes Gehalt / . . .,
und der Chef / die Arbeit / . . . ist . . .

Und wie sind die Sozialleistungen? / die Karrierechancen? / . . .
Und wieviel . . . / wie lange . . . / . . .

Die sind | nicht besonders.
        | gut.
        | . . .

Willst du | annehmen?
         | die Stelle wechseln?

Ich bin mir noch nicht ganz sicher.
Eigentlich möchte ich lieber . . .
Und | die Arbeitszeit | ist | . . .
     | die Kollegen | sind |
     | der Weg zur Arbeit | |

Ich finde das nicht wichtig.
Das geht doch.

Na ja, mal sehen.
Ich habe ja | noch Zeit.
           | noch nicht gekündigt.
Ich kann ja noch warten. Vielleicht finde ich noch etwas Besseres / anderes / . . .

B3

1. Schreiben Sie.

a) ○ Welches Datum haben wir heute?
   □ (12. Mai)
   Heute ist der zwölfte Mai.
   □ (28. Februar)
   _____
   □ (1. April)
   _____
   □ (3. August)
   _____

b) ○ Ist heute der fünfte September?
   □ (3. September)
   Nein, wir haben erst den dritten.
   (4. September)
   □ _____
   (7. September)
   □ _____
   (8. September)
   □ _____

c) ○ Wann sind Sie geboren?
   □ (7. April 1962)
   Am siebten April 1962.
   □ (Sie?)
   _____
   □ (Ihr Vater?)
   _____
   □ (Ihre Mutter?)
   _____

d) ○ Wann war Carola in Spanien?
   □ (4. August–10. September)
   Vom vierten August bis zum zehnten September.
   (23. Januar–15. März)
   □ _____
   (14. Februar–1. Juli)
   □ _____
   (7. April–2. Mai)
   □ _____

2. ‚Doch' hat verschiedene Bedeutungen.

a) Warum willst du deine Stelle wechseln? Du verdienst *doch* sehr gut.
   (Jemand sagt oder tut etwas, was man nicht versteht oder falsch findet.)
b) Geh *doch* noch ein Jahr zur Schule und mach den Realschulabschluß.
   Warten Sie *doch* noch fünf Minuten! *(starker Wunsch oder höfliche Bitte)*
c) Nach zwei Monaten hat sie *doch* noch eine Lehrstelle gefunden.
   (Etwas ist passiert, was man nicht erwartet hat.)
d) Rolf ist *doch* Automechaniker. Wie findet er den Beruf?
   (Mit dem Wort ‚doch' sagt man einem Gesprächspartner: „Ich habe eine Information über eine Person oder Sache, und ich bin sicher, du hast sie auch. Diese Information ist wichtig für meine Frage oder Bitte".)
   Welche Bedeutung (a, b, c oder d) hat ‚doch' in den folgenden Sätzen?

	1	2	3	4	5	6	7	8	9	10	11	12
a												
b												
c												
d												

1. Du kannst doch Französisch. Was heißt ‚Auto‘ auf französisch?
2. Du möchtest Automechaniker werden? Aber deine Eltern wollen das doch nicht.
   Du sollst doch Bürokaufmann werden.
3. Jens wollte eigentlich sofort Geld verdienen, aber dann hat er doch einen Beruf gelernt.
4. Komm doch morgen! Dann habe ich mehr Zeit.
5. Du willst den Mann als Babysitter? Das geht doch nicht, das kann der doch nicht.
6. Studier doch nicht! Lern doch lieber einen Beruf!
7. Du suchst doch eine neue Stelle. Hast du schon eine?
8. Den blauen Rock und die grüne Bluse willst du nehmen? Das paßt doch nicht. Das sieht
   doch häßlich aus.
9. Jürgen ist doch nicht lange arbeitslos gewesen. Er hat doch noch eine Stelle gefunden.
10. Wir wollten gestern mit Petra und Wolfgang ins Kino gehen. Doch sie konnten nicht
    kommen, weil ihr Auto kaputt war.
11. Du gehst doch einkaufen. Bring mir bitte Zigaretten mit!
12. Bleib doch bei deiner alten Stelle! Das ist bestimmt besser.

3. In Fragesätzen hat ‚denn‘ zwei wichtige Bedeutungen.

a) ○ Punks wollen nicht arbeiten.
   □ Wie können Sie das *denn* wissen? Kennen Sie *denn* welche?
   (Vorwurf: Jemand tut oder sagt etwas, was man nicht gut findet.)

b) ○ Ist das *denn* ein sicherer Arbeitsplatz?
   □ Ich glaube ja.
   (Man möchte die Antwort sehr gerne wissen. Höfliche Frage.)

Welche Bedeutung (a oder b) hat ‚denn‘ in den folgenden Sätzen?

	1	2	3	4	5	6
a						
b						

1. ○ Hör mal. Da ist ein junger Mann arbeitslos und bekommt kein Geld vom Arbeitsamt.
   □ Warum das denn? Jeder Arbeitslose bekommt doch Geld.
2. ○ Warum hast du denn gekündigt? Das war bestimmt ein Fehler.
   □ Das ist doch meine Sache.
3. ○ Warum hast du denn nicht angerufen? Ich habe sehr lange gewartet.
   □ Tut mir leid, aber ich hatte keine Zeit.
4. ○ Wie sind denn die Angebote?
   □ Na ja, es geht.
5. ○ Ich möchte Elektriker werden.
   □ Hast du denn schon eine Lehrstelle?
6. ○ Sind Sie denn immer noch nicht fertig?
   □ Nein, leider noch nicht. Ich muß noch eine andere Arbeit machen.

4. Was paßt wo?

| Sonst | Trotzdem | Denn | Aber | Dann | Deshalb |

a) Klaus ist sehr unfreundlich. _____ hat er wenig Freunde.

b) Du mußt zuerst das Abitur machen. _____ kannst du nicht studieren.

c) Manfred soll noch weiter zur Schule gehen. _____ er hat keine Lust.

d) Gabi kann sehr schnell laufen. _____ hat sie Note 1 in Sport.

e) Als Lehrer hat man viel Freizeit. _____ ist der Beruf sehr anstrengend.

f) Wenn man nachts arbeitet, _____ muß man am Tag schlafen.

g) Ich kann die Stelle nicht nehmen, _____ ich habe kein Auto, und der Bus braucht für die Fahrt zwei Stunden.

h) Meine Kollegin ist nicht sehr fleißig. _____ muß ich die meiste Arbeit selbst machen.

i) Such dir lieber einen sicheren Arbeitsplatz. _____ bist du nächstes Jahr wieder arbeitslos.

j) Du hast morgen eine Prüfung. _____ geh lieber früh ins Bett.

k) Zuerst mußt du einen Beruf lernen. _____ kannst du immer noch studieren.

l) Heinz Kuhlmann will nicht arbeiten. Ich glaube, das sagt er nur. _____ bekommt er doch kein Geld vom Arbeitsamt.

m) Jürgen muß morgens lange zur Arbeit fahren. _____ muß er immer früh aufstehen.

n) Frau Cordes braucht unbedingt eine Arbeit. _____ hat sie gekündigt.

o) Schüler in der Bundesrepublik müssen das Abitur machen. _____ können sie nicht studieren.

p) Udo ist jetzt schon sechs Jahre bei seiner Firma. _____ er darf trotzdem nicht selbständig arbeiten.

5. Was paßt zusammen?

A	Ich heiße Bauer.	1	Ja, ich bekomme ein ausgezeichnetes Gehalt.
B	Hast du einen sicheren Arbeitsplatz?	2	Ich finde ihn nicht besonders nett.
C	Wie hast du die neue Stelle gefunden?	3	Und wie ist Ihr Vorname?
D	Wie ist dein Chef?	4	Ja, ich bin selten vor 20 Uhr zu Hause.
E	Bekommst du die Stelle bei Karcher?	5	Oh ja, die Firma ist sehr gesund.
F	Fährst du mit dem Auto zur Arbeit?	6	Ich glaube ja; sie suchen dringend eine Sekretärin.
G	Verdienst du gut?	7	Nein, ich gehe zu Fuß. Der Weg ist nicht so weit.
H	Mußt du lange arbeiten?	8	Ich habe eine Anzeige in der Zeitung gelesen.

A	B	C	D	E	F	G	H

6. Schreiben Sie einen Dialog.

Hast du das deinem Chef denn schon mal gesagt?

Und was machst du? Nimmst du die Stelle?

Die Arbeit ist mir zu langweilig. Nie darf ich selbständig arbeiten.

Sag mal Petra, du willst kündigen? Warum das denn?

Ja, ein sehr interessantes Angebot bei einer Elektrofirma. Ich kann dort selbständig arbeiten und verdiene auch ganz gut.

Hast du denn schon eine neue Stelle?

Das ist doch nicht schlimm. Ich muß auch immer um 6 Uhr aufstehen.

Ich weiß noch nicht, denn die Firma liegt in Offenbach. Ich muß ziemlich weit fahren, also morgens sehr früh aufstehen.

Nein, das hat doch keinen Zweck. Der macht lieber alles allein. Ich darf immer nur Briefe schreiben.

○ <u>Sag mal Petra, du willst kündigen? Warum das denn?</u>

□ _____

○ _____

□ . . . .

*F*ür kleine Kinder ist die Arbeitswelt noch in Ordnung: „Wenn ich groß bin, will ich Zirkusdirektor werden – oder Rennfahrer, oder Astronaut…" Zehn Jahre später heißen die Traumberufe dann: „Automechaniker", „Kaufmann" und „Friseuse". Doch der Berufswunsch allein genügt nicht. Es muß auch genug Stellen geben: Mehr als 660 000 Jugendliche suchten 1982 in der Bundesrepublik Deutschland einen Ausbildungs- oder Arbeitsplatz. Im Oktober waren 180 000 von ihnen arbeitslos. Nicht nur die Wirtschaftskrise macht ihnen das Leben schwer. Manche machen es sich auch selbst schwer. Viele Jugendliche wollen nur ihren ganz bestimmten „Traumberuf". Sie sehen im Fernsehen oft eine schöne Traumwelt: jeder Wunsch wird wahr. Doch so kann es im Alltag nicht sein. Die harte Wirklichkeit zerstört meistens den schönen Traum vom Traumberuf. Von hundert Bewerbern fanden dieses Jahr nur 31 eine Lehrstelle in ihrem Wunschberuf; fünf von hundert bekamen überhaupt keine Lehrstelle.

Doch das war schon immer so. Heute ist es nur noch etwas schwerer: Zu viele Jugendliche suchen eine Lehrstelle. Die Wirtschaft muß erst wieder in Gang kommen, und dann gibt es auch mehr Arbeitsplätze.

Aber manche haben sogar eine Lehrstelle und hören dann doch wieder auf: Der erste Schritt ins Berufsleben bringt leider oft „die große Frustration".

Die Jugendscala hat junge Berufsanfänger gefragt. Einige resignieren („Da kann man halt nichts machen"), andere werden wütend („Man wird nur ausgenutzt"). Viele träumen weiter („Ich mache irgendwas Alternatives" – „Das Geld leihe ich mir irgendwo"). Aber nur wenige wissen wirklich, was sie wollen.

Der wichtigste Tip ist also: Erst mal „auf dem Teppich bleiben" und die eigenen Chancen richtig beurteilen. Und dann: informieren, lesen, fragen, herumhören, viel mit anderen Leuten reden, mit Menschen im Berufsleben sprechen. Oft bringt das Erfolg. Auf jeden Fall aber ist es besser als nur zu warten und zu resignieren.

TRAUMBERUF UND WIRKLICHKEIT

Die Arbeitslosigkeit macht die Berufswahl schwer. Viele Jugendliche sind ratlos, weil sie keinen Ausbildungsplatz finden, der ihnen gefällt.

Gisela Graupner (17): Nach der Hauptschule habe ich eine Lehrstelle als Konditor gefunden. Aber jetzt, nach einem halben Jahr, finde ich das nicht mehr

gut. Die Arbeit ist hart und monoton. Ich muß die Schmutzarbeiten machen. Als Lehrling wird man nur ausgenutzt. Und 369 Mark im Monat finde ich viel zu wenig. Bei der harten Arbeit! Also, ich will jetzt die Lehrstelle wechseln und was anderes machen. Aber ich weiß noch nicht genau, was. Vielleicht irgendwas Alternatives. Ich weiß

noch nicht… Irgendwas ohne Streß und so…"

Horst Schuster (18): „Eigentlich wollte ich das Abitur machen. Aber mein Bruder hat auch das Abitur gemacht und dann hat er studiert. Dafür hat meine Familie schon genug Geld ausgegeben. Darum mußte ich von der Schule abgehen und eine Lehre machen. Ich wäre gerne Bankkaufmann geworden. Aber ich habe zu spät nach einem Ausbildungsplatz gesucht. Da war nichts mehr zu machen. Ich habe nur

noch eine Lehrstelle als Großhandelskaufmann gefunden. Nach der Lehre muß ich auch noch zur Bundeswehr. Das ist

nochmal verlorene Zeit. Aber da kann man nichts machen. Danach will ich vielleicht in meinem Beruf weiterarbeiten. Den Beruf zu wechseln ist schwer. Man muß froh sein, wenn man heute überhaupt noch einen Arbeitsplatz hat in diesen schweren Zeiten."

Ioannis Tzigounakis (17): „Ich komme aus Griechenland und mache jetzt in Deutschland mein Abitur. Danach möchte ich Com-

puter-Analytiker werden. Vielleicht habe ich dann weniger Probleme mit dem Computer-Leben in unserer Zukunft. Nein, verhindern kann man die Macht der Computer nicht. Es ist besser, sich schon früh anzupassen.

Computer-Berufe, das sind Berufe mit Zukunft."

Ayten Ünsalan (17): „Ich bin Türkin und komme aus Istanbul. Aber ich wohne schon lange in Frank-

furt-Höchst. Hier habe ich auch eine Lehrstelle als Arzthelferin gefunden. Das war nicht so schwer, denn hier arbeiten viele Türken. Mein Chef brauchte jemanden, der gut Türkisch und gut Deutsch kann. Nach der Lehre will ich noch ein paar Jahre in der Bundesrepublik arbeiten. Ich lerne noch Englisch und Französisch. Mit den Sprachen und mit meiner Ausbildung bekomme ich dann bestimmt eine gute Arbeitsstelle in der Türkei."

Nachrichten
Kinder-
stunde
Sport
Theater
Bildung
Konzert
Film
Show
Krimi

Kunst ist was gefällt

Dienstag 17. Februar

① Programm

15.40 Tagesschau

15.45 Expeditionen ins Tierreich
Heinz Sielmann zeigt: Tiere in der Großstadt

16.20 Viele fahren in den Tod.
Reportage von Paul Karolus
Motorradfahren ist gefährlich. Besonders junge Menschen wissen oft nicht, wie man eine schwere Maschine sicher fährt. Viele sterben bei einem Unfall.

17.00 ARD-Sport-Extra aus Val d'Isere
Ski-Weltcup: Riesenslalom der Damen.

17.25 Herr Rossi macht Ferien (5)
Kindersendung. Ital. Zeichentrickfilm.
Herr Rossi und sein Freund, der Hund Gastone, kaufen einen Wohnwagen und wollen Urlaub machen.

17.50 Tagesschau

18.00 Regionalprogramme (und Werbefernsehen)
Hessen, Berlin, Bayern, Süddt./Südwest, Bremen, Westdeutscher Rundfunk, Norddeutscher Rundfunk

20.00 Tagesschau

20.15 Was bin ich?
Heiteres Beruferaten mit Robert Lembke

21.00 Sonderdezernat K1
Die Rache des Chefs
Krimi von Hubert Mang
Regie: Alfred Weidemann
In einer Wohnung liegt eine junge Frau. Es ist die Heroinsüchtige Helga Voss. Hat sie zuviel Heroin genommen, oder hat man sie ermordet? An der Uhr der Toten findet Kommissar Seidel eine erste Spur.

22.30 Tagesthemen

23.00 Arena
Kultur vor Mitternacht
Thema: Was machen wir in unserer Freizeit?
Moderator: Peter Langemann
Die 35-Stunden-Woche kommt bestimmt. Langweilen wir uns dann in der Freizeit, oder haben wir Freizeit-Streß? Über diese Frage diskutieren Soziologen und Gewerkschafter.

0.10 Tagesschau

15⁴⁵ Expeditionen ins Tierreich

Tiere in der Großstadt
Man muß nicht immer in den Zoo gehen, wenn man in der Großstadt Tiere sehen will: Heinz Sielmann hat mit der Filmkamera wildlebende Großstadttiere in alten Häusern, in Parks und in der Kanalisation aufgenommen. Diese Tiere findet man nur dann, wenn man weiß, wo man suchen muß. Der Film zeigt, wie sich die Tiere an die Großstadt gewöhnt haben und wie sie hier leben.

Sonderdezernat K1
Die Rache des Chefs **21⁰⁰**

Dieser Krimi – in der Reihe »Sonderdezernat K1« – geht besonders deshalb unter die Haut, weil die spannende Geschichte einen sehr realen Hintergrund hat: den Handel mit Rauschgift. Hubert Mang kennt die Drogenszene, er war ein Jahr lang Sozialhelfer in Hamburg, und das kommt dem Film zugute: Da stimmt jedes Bild, da ist nichts falsch und nichts übertrieben. Im Film werden realistische Zahlen genannt – fast 400 Herointote im vergangenen Jahr – und diese Zahlen machen die Mission des Kommissars glaubwürdig.

② Programm

Die schönsten Melodien der Welt **18³⁰**
Fast eine musikalische Weltreise: Sie beginnt in Trinidad mit einem klangvollen Calypso der Pan American Steel Band, führt dann mit der Gruppe »Los Amigos Paraguayos« nach Südamerika und geht weiter über »Blue Hawaii« nach »San Francisco«. Und dann über den Atlantik nach Europa, und hier von Land zu Land – immer der schönsten Melodie nach!

20¹⁵ Gesundheitsmagazin Praxis
Kinder im Krankenhaus
Für Kinder ist es besonders schlimm, wenn sie ins Krankenhaus müssen: zu den Schmerzen kommen Angst vor dem fremden Ort, den fremden Menschen und den fremdartigen Instrumenten. Wenn dann auch die Eltern nicht mehr in der Nähe sind – was bei uns normalerweise der Fall ist – dann ist alles doppelt schlimm.

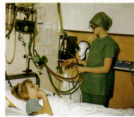

Der dritte Beitrag zum »Gesundheitsmagazin Praxis« gibt Auskunft darüber, wie manche Krankenhäuser es möglich machen, daß ein Elternteil mit dem Kind im Krankenhaus bleiben und auch da schlafen kann, und was Eltern und Kinder dazu sagen. Über die Kosten und die Probleme der Organisation diskutieren die Leiter des städtischen Krankenhauses in Pfaffenheim, Prof. Dr. A. Mingram und der Kinderpsychologe Dr. Dr. E. Bolz.

16.00 Heute

16.04 Lehrerprobleme – Schülerprobleme
Thema: Lieblingsschüler
Jeder Lehrer hat seine Lieblingsschüler: »Die dürfen alles, die anderen nichts«, sagen Schüler oft. In der Sendung diskutieren Schüler und Lehrer über dieses alte Problem.

16.35 Lassie
Lassie findet einen neuen Freund

17.00 Heute

17.08 Teleillustrierte
Informationen, Unterhaltung, Musik, Gäste: Reinhard Fendrich und Teddy Nelson

18.00 Brigitte und ihr Koch
Tips für die Diätküche
Nicht hungern, sondern weniger essen: Franco Palumbo, Amerikas TV-Koch, ist in acht Monaten 60 Pfund leichter geworden – mit neuen Rezepten. Eines davon zeigt er in dieser Sendung: Chinesische Nudeln. Außerdem: Wie brät man Steaks richtig, und welche Gewürze passen dazu?

18.30 Die schönsten Melodien der Welt
Bekannte Stars singen ihre Hits

19.00 Heute

19.30 Auslandsjournal
Berichte, Meinungen und Analysen aus dem Ausland

20.15 Gesundheitsmagazin Praxis
1. Herzchirurgie, 2. Diät für Herzkranke, 3. Kinder im Krankenhaus, 4. Aktuelle Sprechstunde

21.00 Heute Journal

21.20 Welt der Mode
Tips und Trends
Der Mini kommt zurück, und Hosenanzüge bleiben modern. In New York sind Schwarz und Weiß die neuen Modefarben.

22.00 Die untreue Ehefrau
Französisch-italienischer Spielfilm
Die junge Frau eines bekannten Pariser Rechtsanwalts hat einen Liebhaber. Ihr Ehemann weiß das. Er besucht den Liebhaber und ermordet ihn. Regie: Claude Vacher

23.40 Heute

1. Welche Sendung gehört zu welchem Bild?

Bild	A	B	C	D	E	F
Programm? Uhrzeit?						

2. Ordnen Sie die Sendungen aus dem Fernsehprogramm.

Nachrichten/ Politik	Unterhaltung	Kultur	Sport	Kinder- sendung	Kriminalfilm/ Spielfilm

3. Welche Sendungen sind in Ihrem Land ähnlich?

Welche gibt es nicht? Wann fangen die Sendungen in Ihrem Land an? Wann ist das Programm zu Ende?

B1

2

Leserbriefe

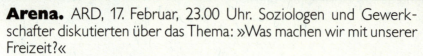

Arena. ARD, 17. Februar, 23.00 Uhr. Soziologen und Gewerkschafter diskutierten über das Thema: »Was machen wir mit unserer Freizeit?«

Wenn ich abends nach Hause komme, freue ich mich auf den Fernsehabend. Dann möchte ich gute Unterhaltung. Arena ist Mist!
Eduard Flick, Techniker, Dortmund

Der Moderator ist schlecht, die Sendung ist langweilig, die Diskussionsthemen sind uninteressant. Ich ärgere mich über jede Sendung.
Günter Weiher, Lehrer, Gießen

Arena gefällt mir sehr gut. Ich freue mich auf die nächste Sendung.
Elfi Ammer, Hausfrau, Aachen

In dieser Sendung fehlt der Pfeffer. Ich ärgere mich über den langweiligen Moderator.
Sabine Ohlsen, Studentin, Bremen

Arena war früher besser!
Josef Ertl, Zahnarzt, Stuttgart

Herzlichen Glückwunsch! Endlich eine interessante Kultursendung. Besonders freue ich mich über die Sendezeit, weil ich abends immer lange arbeiten muß.
Klaus Gram, Architekt, Augsburg

Ich interessiere mich für Kultur, aber nicht nachts um 11 Uhr! Ist Arena eine Sendung für Arbeitslose und Studenten?
Heiner Lang, Bäcker, Darmstadt

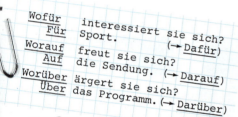

Wofür   interessiert sie sich?
Für   Sport.   (→ Dafür)
Worauf freut sie sich?
Auf   die Sendung.   (→ Darauf)
Worüber ärgert sie sich?
Über   das Programm. (→ Darüber)

P. 154, 1b + 2

1. Was ist richtig? Bilden Sie neue Sätze.

H. Lang	ärgert sich	über	Kultur.
E. Ammer	freut sich	auf	die Sendezeit.
G. Weiher	interessiert sich	für	die nächste Sendung.
S. Ohlsen			jede Sendung.
K. Gram			den Moderator.
E. Flick			den Fernsehabend.

2. Worüber ärgern Sie sich beim Fernsehen?

P. 154, 3

Wofür interessieren Sie sich?
Worauf freuen Sie sich?

Interessierst du dich auch für Kriminalfilme?

Nein, dafür interessiere ich mich nicht.

Ich ärgere mich oft über das Programm.

Ja, darüber kann man sich wirklich ärgern.

Ich   freue   mich …
Du   freust dich …
Er/sie   freut   sich …
sie   freuen sich …

Welche Themen sollten öfter im Fernsehen kommen?		
Alle Angaben in Prozent	Männer	Frauen
Tiere	47,1	47,9
Kinofilme	36,1	44,3
Komödien, Volksstücke	38,2	41,6
Show-, Quizsendungen	30,0	34,1
Krimis, Western	41,6	23,6
Regionale Sendungen	35,6	28,1
Ratgeber	29,4	33,7
Problemfilme	26,3	33,9
Musik	25,8	32,3
Wissenschaft, Technik	41,7	13,3
Sport	41,4	5,8
Kunst, Literatur	14,5	23,7
Politik, Wirtschaft	22,2	11,1
Jugend-, Kindersendungen	9,9	13,9
Religion	7,4	9,0

○ Machst du mal den Fernseher an?

□ Warum? Was kommt denn jetzt?

○ Im zweiten Programm kommen jetzt Nachrichten. Die möchte ich gern sehen.

□ Nachrichten? Das ist doch immer dasselbe.

○ Kann sein. Aber ich interessiere mich nun mal sehr für Politik. Die Nachrichten sehe ich immer. Du nicht?

□ Also, Nachrichten finde ich langweilig. Ich sehe am liebsten Sport.

○ Für andere Sendungen interessierst du dich nicht?

□ Nein. Ich ärgere mich meistens über das Programm, besonders über die Unterhaltungssendungen. Die sind doch langweilig.

○ Da hast du recht. Aber die Nachrichten können wir doch wenigstens ansehen, ja?

□ Meinetwegen . . .

Kannst du bitte den Fernseher anmachen? Wollen wir ein bißchen fernsehen?	Muß das sein? Was gibt es denn?

Im . . . Programm gibt es	Sport. . . .

Sport? . . .	Das ist doch	jedesmal immer	dasselbe. gleich.

Mag sein. Aber ich interessiere mich nun

mal	ziemlich ein bißchen . . .	für	Sport. . . .

Die	Sportsendungen . . .	sehe ich oft / meistens /

regelmäßig / immer / jeden Abend.

Also, . . . sehe ich nie / fast nie / nur manchmal / selten.

Ich mag	nur besonders vor allem . . .	die Kultursendungen. die Kriminalfilme. . . .

Ich freue mich immer auf

Für andere	Filme Themen Sendungen	interessierst du

dich nicht?

Nicht so sehr. / Kaum. / Wenig.

Ich ärgere mich	oft immer	über das Programm. . . .

Das ist doch langweilig / uninteressant / dumm.

Meinst du?
Da bin ich anderer Meinung.
Sicher, aber . . .

Können wir denn jetzt den Fernseher anmachen?

Wenn es sein muß . . .
Von mir aus . . .

Aber dann	gehe ich jetzt spazieren. hole ich mir ein Buch. . . .

1. Welches Wort paßt?

Nudeln   Hunger   Gewürze

Pfund   Menü

kochen   fett   Rezepte

Rezepte   braten   Nudeln

18.00 Uhr Diätclub

Jeden Mittag ein _____ mit Suppe, Fleisch, _____ und Obst. Wie gefällt Ihnen das? Wir zeigen Ihnen gesunde _____ für Ihre Diät. Unser Tip: Wenn Sie klug kochen, können Sie gut essen und haben nie _____. Trotzdem können Sie pro Woche zwei oder drei _____ leichter werden. Fleisch muß man nicht immer _____, man kann es auch in Salzwasser _____, dann ist es nicht so _____. Auch _____ müssen nicht dick machen. Wir zeigen Ihnen auch dazu _____. Wichtig ist: Essen Sie weniger Salz; es gibt noch viele andere _____.

2. Bringen Sie die Wörter in eine Reihenfolge.

manchmal   sehr oft   ~~nie~~

fast nie   meistens

oft   selten   ~~immer~~

immer
_____
_____
_____
_____
nie

3. Was paßt? Ergänzen Sie.

a) Ich sehe jeden Tag fern. – Ich sehe _____ fern. (immer, regelmäßig, zwei Stunden, gern, manchmal)

b) Fernsehen interessiert mich nicht. – Ich sehe _____ fern. (meistens, nie, schlecht, oft, selten)

c) Ich sehe nur fern, wenn es einen guten Krimi gibt. – Ich sehe _____ fern. (fast immer, manchmal, gewöhnlich, meistens, selten)

d) Ich habe wenig Freizeit. – Ich kann _____ fernsehen. (gewöhnlich, oft, nicht oft, meistens, selten)

e) Ich ärgere mich meistens über das Programm. – Ich ärgere mich _____ über das Programm. (jeden Tag, sehr oft, manchmal, fast immer, selten)

f) Ich habe keinen Fernseher. Wenn ich mich für einen Film interessiere, gehe ich zu Freunden. – Ich sehe _____ fern. (oft, fast immer, manchmal, selten, regelmäßig)

4. Ergänzen Sie.

a) ○ Kommt ihr bitte? Wir müssen gehen.

   □ Eine halbe Stunde noch, bitte, der Film fängt gleich an. _Wir_ freuen _uns_ doch immer so _auf_ Lassie.

b) ○ Warum macht ihr nicht den Fernseher aus? Interessiert _____ _____ denn wirklich _____ Gesundheitsmagazin?

   □ Oh ja. Das ist immer sehr interessant.

c) ○ Du, ärgere _____ doch nicht _____ Film!

   □ Ach, _____ habe _____ so _____ Krimi gefreut, und jetzt ist er so schlecht.

d) ○ Warum sind Klaus und Jochen denn nicht gekommen?

   □ Sie sehen den Ski-Weltcup im Fernsehen. Ihr wißt doch, _____ interessieren _____ sehr _____ Ski-Sport.

e) ○ Was macht Marianne?

   □ Sie sieht das Auslandsjournal. _____ interessiert _____ doch _____ Politik.

f) ○ Will dein Mann nicht mitkommen?

   □ Nein, er möchte unbedingt fernsehen. _____ freut _____ schon seit gestern _____ Film.

g) ○ Siehst du jeden Tag die Tagesschau?

   □ Natürlich, man muß _____ doch _____ Politik interessieren.

5. Ergänzen Sie.

	der Film	die Sendung	das Programm
Ich interessiere mich für	den Film		
Ich ärgere mich über	d		
Ich freue mich auf/ über			

6. Ergänzen Sie.

worüber?	→ über ...	→ darüber	worauf?	→ auf ...	→ darauf
wofür?	→ für ...	→ dafür	wonach?	→ nach ...	→ danach

a) □ Was machst du denn für ein Gesicht? _____ ärgerst du dich?

   ○ Ach, _____ meine schlechte Schreibmaschine. Ich muß jeden Brief dreimal schreiben.

   □ _____ mußt du dich nicht ärgern. Du kannst meine nehmen.

b) □ _____ regst du dich so auf?

   ○ _____ meine Arbeitszeit. Ich muß schon wieder am Wochenende arbeiten.

   □ _____ solltest du dich nicht mehr aufregen. Such doch eine andere Stelle.

c) □ _____ sprecht ihr?

   ○ _____ unseren Deutschkurs.

   □ _____ möchte ich auch mit euch sprechen.

d) □ _____ hast du Peter gefragt?

   ○ _____ seiner Meinung zur Straßenmusik.

   □ _____ wollte ich ihn auch gerade fragen.

e) □ _____ diskutiert ihr denn?

   ○ _____ unsere Berufschancen.

   □ _____ habt ihr doch schon gestern diskutiert.

1. Welche Sätze passen in welche Karikaturen?

a) Warum gibt es Lassie immer sonntags um 4.00 Uhr?

b) Du kannst erst um 11.35 Uhr mit Vater sprechen. Dann ist das Programm zu Ende.

c) Gut, noch drei Tote. Dann mußt du aber ins Bett!

d) Wie schön, wenn man den Kindern die Natur zeigen kann.

e) Warum hatten wir diese Idee nicht schon früher?

f) Warum machst du denn immer deine Spielsachen kaputt?

g) Es ist 23.00 Uhr! Das ist keine Kindersendung!

h) Wir wollen noch nicht ins Bett! Wir wollen auch fernsehen!

i) Du sollst nicht soviel Limonade trinken! Das ist ungesund für Kinder!

j) Müssen die Kinder wirklich jeden Tag die Kindersendung sehen?

k) Wo ist eigentlich Peter?

l) Ich glaube, unser Sohn interessiert sich nicht fürs Fernsehen.

m) Er hat seit drei Tagen kein Wort gesprochen.

n) Glaube mir! Vater war nicht immer so!

o) Unser Sohn hat jetzt Physik in der Schule.

p) Nein, ‚Mama‘ kann er noch nicht sagen. Aber ‚Peng! Peng!‘

2. Was können die Personen noch sagen? Schreiben Sie selbst neue Sätze.

3. Was meinen Sie?

Fernsehen macht die Familie kaputt.

Fernsehen ist ungesund.

Fernsehen macht dumm.

Fernsehen macht aggressiv.

Fernsehen ist schlecht für Kinder.

4. Was können Sie auch sagen?

a) *In dieser Sendung fehlt der Pfeffer.*
 Ⓐ Diese Sendung ist langweilig.
 Ⓑ Diese Sendung hat kein Gewürz.
 Ⓒ Diese Sendung schmeckt nicht.

b) *Die Nachrichten muß ich immer sehen.*
 Ⓐ Ich interessiere mich sehr für Politik
   im Fernsehen.
 Ⓑ Es gibt jeden Tag Nachrichten.
 Ⓒ Ohne Nachrichten fehlt mir etwas.

c) *Der Moderator regt mich auf.*
 Ⓐ Ich ärgere mich über den Moderator.
 Ⓑ Ich finde den Moderator dumm
   und langweilig.
 Ⓒ Der Moderator ärgert sich über mich.

d) *Diesen Film kenne ich schon.*
 Ⓐ Über diesen Film weiß ich etwas.
 Ⓑ Ich habe den Film schon gesehen.
 Ⓒ Dieser Film ist bekannt.

e) *Das Programm dauert heute bis 23.45 Uhr.*
 Ⓐ Das Programm hört heute um 23.45 Uhr
   auf.
 Ⓑ Die Sendungen sind heute um 23.45 Uhr
   zu Ende.
 Ⓒ Der Fernseher hört heute um 23.45 Uhr
   auf.

f) *Wollen wir fernsehen?*
 Ⓐ Wollen wir den Fernseher anmachen?
 Ⓑ Wollen wir den Fernsehapparat ansehen?
 Ⓒ Magst du meinen Fernseher?

5. Schreiben Sie einen Dialog.

Ich glaube, du willst mich ärgern. Die Nachrichten sehe ich nur manchmal und Sport auch nicht oft.

~~Was gibt es heute eigentlich im Fernsehen?~~

Na und? Ist es vielleicht ein Fehler, wenn sich ein Mann für Politik interessiert?

Das stimmt nicht! Sport siehst du fast immer und die Nachrichten auch meistens.

Jetzt ärgere dich doch nicht! Ich freue mich doch auch auf den Bogart-Film.

Ich glaube einen Film mit Humphrey Bogart.

Den muß ich unbedingt sehen!

Wirklich? Ich habe gedacht, du magst nur Sport und Politik.

○ Was gibt es heute eigentlich im Fernsehen? _____
□ _____
○ _____
□ ...

B2

1

1. Wir haben Hunger, Hunger, Hunger, haben Hunger, Hunger, Hunger, haben Hunger, Hunger, Hunger, haben Durst.

2. Heut' kommt der Hans zu mir, freut sich die Lies. Ob er aber über Oberammergau oder aber über Unterammergau oder aber überhaupt nicht kommt, ist nicht gewiß.

3. Mein Hut, der hat drei Ecken, drei Ecken hat mein Hut. Und hätt' er nicht drei Ecken, dann wär' es nicht mein Hut.

4. Ein Hund kommt in die Küche und stiehlt dem Koch ein Ei. Da nimmt der Koch den Löffel und schlägt den Hund zu Brei.

5. Warum ist es am Rhein so schön? Warum ist es am Rhein so schön, am Rhein so schön? Weil die Mädchen so lustig und die Burschen so durstig. Darum ist es am Rhein so schön, am Rhein so schön.

6. Wenn die Elisabeth nicht so schöne Beine hätt', hätt' sie viel mehr Freud' an dem neuen langen Kleid.

P. 155, 4b

Indikativ		Konjunktiv II
ich	bin	wäre
er/sie/es	ist	wäre
ich	habe	hätte
er/sie/es	hat	hätte

| hätt' | = | hätte |
| wär' | = | wäre |

1. Welche Lieder gefallen Ihnen?

Welche nicht? Haben Lieder in Ihrem Land ähnliche Texte? Was meinen Sie, wann singen Deutsche solche Lieder?

2. Finden Sie einen neuen Text zu Lied Nr. 3.

Mein Schrank, der hat vier Türen,
vier Türen hat mein Schrank.
Und hätt' er nicht vier Türen,
dann wär' es nicht mein Schrank.

oder: Mein Brief, der hat sechs Seiten,
sechs Seiten hat ...

Fuß – Zehen   Haus – Zimmer
Kind – Zähne   ... – ...

3. Sie können auch neue Texte für die anderen Lieder schreiben.

4. Wennachwenn dannjadann

Wenn, ach wenn ... Wenn, ach wenn ...
Wenn du mit mir gehen würdest, wenn du mich verstehen würdest
Dann, ja dann ... Dann, ja dann ...
Ja, dann würde ich immer bei dir sein, dann wärest du nie mehr allein.
Ja, wenn ...

P. 155, 4a + b

Machen Sie neue Texte für das Lied!

Wenn	ich	....	laufen	würde	Ja, dann	würde	ich	.....	bleiben
	du		kaufen	würdest		hätte	...		schreiben
	...		sagen			wäre			verlieben
			fragen			...			üben
			studieren						Zeit
			verlieren						weit
			...						geblieben
									geschrieben

Benutzen Sie auch das Wörterverzeichnis S. 167–76.

Wenn Sie einen lustigen Liedtext gefunden haben, dann schicken Sie ihn an:

Stanley Thornes (Publishers) Ltd, Old Station Drive
Leckhampton, Cheltenham GL53 0DN

Die Autoren von „Los geht's!" würden sich sehr freuen.

Die Gedanken sind frei, wer kann sie erraten?
Sie fliegen vorbei wie nächtliche Schatten.
Kein Mensch kann sie wissen,
kein Jäger erschießen.
Es bleibet dabei, die Gedanken sind frei.

Sing doch mit!

A. Hören Sie den Dialog.

B. Was ist richtig?

a) Welche Lieder mag Max nicht?
   ☐ Politische Lieder
   ☐ Trinklieder
   ☐ Popmusik

b) Heinz findet die Trinklieder gut, weil
   ☐ sie schon sehr alt sind.
   ☐ die Texte gut sind.
   ☐ sie Spaß machen.

c) Max mag sie nicht singen, weil
   ☐ er sie nicht singen kann.
   ☐ er die Texte nicht versteht.
   ☐ er die Texte dumm findet.

B3

1

Es gibt immer mehr Straßenkünstler: Musikanten, Maler und Schauspieler. Sie ziehen von Stadt zu Stadt, machen Musik, spielen Theater und malen auf den Asphalt. Die meisten sind Männer, aber es gibt auch einige Frauen. Eine von ihnen ist die 20jährige Straßenpantomimin Gabriela Riedel.

Ich hol' die Leute aus dem Alltagstrott

Das Wetter ist feucht und kalt. Auf dem Rathausmarkt in Hamburg interessieren sich nur wenige Leute für Gabriela. Sie wartet nicht auf Zuschauer, sondern packt sofort ihre Sachen aus und beginnt ihre Vorstellung: Sie zieht mit ihren Fingern einen imaginären Brief aus einem Umschlag. Den Umschlag tut sie in einen Papierkorb. Der ist wirklich da. Sie liest den Brief, vielleicht eine Minute, dann fällt er auf den Boden, und Gabriela fängt an zu weinen.

Den Leuten gefällt das Pantomimen-Spiel. Nur ein älterer Herr mit Bart regt sich auf. »Das ist doch Unsinn. So etwas müßte man verbieten.« Früher hat sich Gabriela über solche Leute geärgert, heute kann sie darüber lachen. Sie meint: »Die meisten Leute freuen sich über mein Spiel und sind zufrieden.« Nach der Vorstellung sammelt sie mit ihrem Hut Geld: 8 Mark und 36 Pfennige hat sie verdient, nicht schlecht. »Wenn ich regelmäßig spiele und das Wetter gut ist, geht es mir ganz gut.« Ihre Kollegen machen Asphaltkunst gewöhnlich nur in ihrer Freizeit. Für Gabriela ist Straßenpantomimin ein richtiger Beruf.

Gabrielas Asphaltkarriere hat mit Helmut angefangen. Sie war 19, er 25 und Straßenmusikant. Ihr hat besonders das freie Leben von Helmut gefallen, und sie ist mit ihm zusammen von Stadt zu Stadt gezogen. Zuerst hat Gabriela für Helmut nur Geld gesammelt. Dann hat sie auch auf der Straße getanzt. Nach einem Krach mit Helmut hat sie dann in einem Schnellkurs Pantomimin gelernt und ist vor sechs Monaten Straßenkünstlerin geworden.

Die günstigsten Plätze sind Fußgängerzonen, Ladenpassagen und Einkaufszentren. »Hier denken die Leute nur an den Einkauf, aber bestimmt nicht an mich. Ich hol' sie ein bißchen aus dem Alltagstrott«, erzählt sie. Das kann Gabriela wirklich: Viele bleiben stehen, ruhen sich aus, vergessen den Alltag. Leider ist Straßentheater auf einigen Plätzen schon verboten, denn die Geschäftsleute beschweren sich über die Straßenkünstler. Oft verbieten die Städte dann die Straßenkunst.

»Auch wenn die meisten Leute uns mögen, denken viele doch an Zigeuner und Nichtstuer. Sie interessieren sich für mein Spiel und wollen manchmal auch mit mir darüber sprechen, aber selten möchte jemand mich kennenlernen oder mehr über mich wissen.« Gabrielas Leben ist sehr unruhig. Das weiß sie auch: »Manchmal habe ich richtig Angst, den Boden unter den Füßen zu verlieren«, erzählt sie uns. Trotzdem findet sie diesen Beruf phantastisch; sie möchte keinen anderen.

1. Fragen zum Text

a) Was machen Straßenkünstler?

b) Kann ein Straßenkünstler viel Geld verdienen?

c) Was glauben Sie, warum liebt Gabriela ihren Beruf?

d) Wie hat Gabriela ihren Beruf angefangen?

e) Was glauben Sie, warum machen nur wenige Frauen Straßentheater?

2. Machen Sie mit diesen Sätzen einen Text.

Beginnen Sie mit ①.

☐ Aber Gabriela ärgert sich nicht mehr.

☐ Deshalb kann sie jetzt ihr Geld allein verdienen.

☐ Gabriela hat dann einen Pantomimenkurs gemacht.

① Gabriela ist Straßenpantomimin.

☐ Das macht sie aber nicht – wie andere Straßenkünstler – in ihrer Freizeit.

☐ Sie lebt vom Straßentheater.

☐ Sie weiß, die meisten Leute freuen sich über ihr Spiel.

☐ Manche Leute regen sich über Straßenkünstler auf.

☐ Zuerst hat sie mit einem Freund gearbeitet.

☐ Aber dann hatten sie Streit.

Liebe Mitbürger!

Die Geschäftsleute haben sich über das freie Musizieren in der Münchner Fußgängerzone beschwert. Der Chef des Ordnungsamtes, Herr Maier, hat sofort mit einer
Lizenzregelung geantwortet, denn über die Straßenmusikanten hat er sich schon lange geärgert. Nach der Meinung der Münchner Bürger hat keiner gefragt.

Was steht in der Lizenzregelung?

1. Jeder Straßenmusikant muß sich im Rathaus anmelden und eine Lizenz beantragen.

2. Jeder Straßenmusikant darf nur einmal pro Woche spielen.

3. Pro Tag bekommen nur zehn Musikanten eine Lizenz.

4. Die Musikanten müssen jede Stunde ihren Platz wechseln.

5. Laute Musik ist verboten.

Wird München zur Kulturwüste?

München ist angeblich eine Kulturstadt. Aber durch diese Lizenzregelung stirbt allmählich die Kunstfreiheit. Die Fußgängerzone ist ein öffentlicher Platz und nicht
nur ein Konsum- und Einkaufszentrum. Die Münchner und die Touristen wollen sich
hier auch einfach nur treffen, sich auf einen Stuhl setzen und sich ausruhen,
Straßenmusik hören oder sich unterhalten.

Wir meinen, die Fußgängerzone muß ein Kommunikationszentrum bleiben. Zusammen können wir etwas gegen die Lizenzregelung tun. Unterschreiben Sie den offenen Brief
an den Münchner Stadtrat.

V.i.S.d.P. Claudia Schettler, Klenzestraße 26, 8000 München

1. Wie finden Sie die neue Lizenzregelung?

Ich habe mich schon lange über diese Straßenzigeuner geärgert. Endlich tut man etwas gegen diese laute Musik. Man sollte die übrigens ganz verbieten. Die Straße ist doch kein Konzertsaal.

Warum regen Sie sich denn über die Straßenmusik so auf? Die Musik in den Kaufhäusern ist zum Beispiel auch nicht leiser. Die müßte man dann auch verbieten. Meinen Sie nicht auch?

Ich bin eigentlich für die Straßenmusik, mir würde ohne diese jungen Musikanten einfach etwas fehlen. Es wäre doch traurig, wenn die Leute nur noch für die Arbeit oder fürs Einkaufen in die Stadtmitte kommen würden. Aber ich kann die Geschäftsleute auch verstehen. Wenn ich ein Geschäft hätte, würde ich mich vielleicht auch über die Musiker beschweren. Oft spielen sie direkt vor den Ein- und Ausgängen und stören den Geschäftsverkehr. Die könnten doch auch an anderen Orten spielen, dann wäre eine Lizenzregelung nicht nötig.

Wenn die bessere Musik machen würden, wäre ich nicht dagegen. Aber die Qualität ist meistens sehr schlecht. Wenn ich Chef des Ordnungsamts wäre, dürften nur gute Musiker eine Lizenz bekommen.

Gut oder schlecht, das ist mir egal. Ohne die Straßenmusiker wäre die Fußgängerzone nur ein Konsumzentrum und bestimmt viel langweiliger. Mir würde die Straßenmusik fehlen.

2. Wie finden Sie Straßenmusik? Diskutieren Sie. Sie können folgende Sätze verwenden:

P. 155, 4b

Wenn	es keine Straßenmusik geben man die Straßenmusik verbieten Ohne Straßenmusik/Straßenmusikanten		würde, dann	wäre/hätte/würde ...

Wenn	die Musik die Musikanten	besser leiser	wäre, wären,	wäre/hätte/würde ...

Wenn ich	ein Geschäft hätte, Straßenmusikant wäre, Als Geschäftsmann/Straßenmusikant	dann	wäre hätte würde	ich ...	Man	sollte müßte könnte	...

Ich habe mich	schon immer/lange/oft noch nie nur selten/manchmal	über für	die Straßenmusik ...	aufgeregt/geärgert gefreut/interessiert

3. Wo hören Sie am liebsten Musik?

Wann und wo mögen Sie keine Musik? Wie finden Sie Musik in Supermärkten? In Restaurants? In Kaufhäusern?

4. Was wissen Sie über Gabriela? Schreiben Sie einen kleinen Text.
   Die folgenden Informationen können Ihnen helfen:

Gabriela, 20 Jahre, Straßenpantomimin
zieht von Stadt zu Stadt, spielt auf Plätzen und Straßen
Leute mögen ihr Spiel, nur wenige regen sich auf
sammelt Geld bei den Leuten, verdient ganz gut, muß regelmäßig spielen
früher mit Helmut zusammen, auch Straßenkünstler, ihr hat das freie Leben gefallen
für Helmut Geld gesammelt, auch selbst getanzt
nach einem Krach, Schnellkurs für Pantomimen gemacht
findet ihr Leben unruhig, möchte keinen anderen Beruf

5. ‚hat‘, ‚hatte‘, ‚hätte‘, ‚hätten‘, ‚ist‘, ‚war‘, ‚wäre‘, ‚wären‘ oder ‚würde‘? Ergänzen Sie.

Gabriela _ist_ Straßenpantomimin. Natürlich _____ sie nicht viel Geld, aber wenn sie
einen anderen Beruf _____, dann _____ sie nicht mehr so frei. Früher _____ sie einen
Freund. Der _____ ganz nett, aber sie _____ oft Streit. Manchmal _____ das Leben
einfacher, wenn Helmut noch da _____. Im Moment _____ Gabriela keinen Freund.
Deshalb _____ sie oft allein, aber trotzdem _____ sie nicht wieder mit Helmut zusammen
spielen. „Wir _____ doch nur wieder Streit", sagt sie. Gestern _____ Gabriela in Hamburg
gespielt. „Da _____ ein Mann zu mir gesagt: „Wenn Sie meine Tochter _____, dann
_____ ich Ihnen diesen Beruf verbieten", erzählt sie. Natürlich _____ Gabrielas Eltern
auch glücklicher, wenn ihre Tochter einen ‚richtigen‘ Beruf _____. Es _____ ihnen lieber,
wenn Gabriela zu Hause wohnen _____ oder einen Mann und Kinder _____. Aber
Gabriela _____ schon immer ihre eigenen Ideen.

6. Geben Sie einem Freund/einer Freundin einen Rat. Schreiben Sie.

a) ○ Was soll ich nur machen?
   Ich bin immer so nervös.
   □ (weniger arbeiten)
   – _Es wäre gut, wenn du weniger arbeiten würdest._
   – _Du solltest weniger arbeiten._

Ebenso:
b) ○ Ich bin zu dick.   □ (weniger essen)
c) ○ Ich bin immer erkältet.   □ (wärmere Kleidung tragen)
d) ○ Ich komme immer zu spät zur Arbeit.   □ (früher aufstehen)
e) ○ Mein Auto ist immer kaputt.   □ (ein neues kaufen)
f) ○ Meine Miete ist zu teuer.   □ (eine andere Wohnung suchen)
g) ○ Ich bin zu unsportlich.   □ (jeden Tag 30 Minuten laufen)
h) ○ Meine Arbeit ist so langweilig.   □ (eine andere Stelle suchen)
i) ○ Ich habe so wenig Freunde.   □ (netter sein)

7. Was können Sie auch sagen?

a) *Wir hätten gern einen größeren Fernseher.*
- Ⓐ Wir kaufen bald einen größeren Fernseher.
- Ⓑ Wir möchten einen größeren Fernseher.
- Ⓒ Wir hatten früher einen größeren Fernseher.

b) *Ich wäre lieber Chefsekretärin.*
- Ⓐ Eine Stelle als Chefsekretärin würde mir besser gefallen.
- Ⓑ Ich war Chefsekretärin.
- Ⓒ Ich wollte Chefsekretärin werden.

c) *In Spanien wäre das Essen besser.*
- Ⓐ Ich glaube, in Spanien hätten wir besseres Essen.
- Ⓑ Man kann nie wissen, wie das Essen in Spanien ist.
- Ⓒ Wenn wir in Spanien wären, würden wir besser essen.

d) *Als Arzt würde ich mehr Geld verdienen.*
- Ⓐ Als Arzt möchte ich mehr Geld verdienen.
- Ⓑ Ein Arzt hätte gern mehr Geld.
- Ⓒ Wenn ich Arzt wäre, hätte ich mehr Geld.

e) *Hätten Sie vielleicht kurz Zeit für mich?*
- Ⓐ Ich würde gerne kurz mit Ihnen sprechen.
- Ⓑ Kann ich Sie kurz haben?
- Ⓒ Haben Sie einen Moment Zeit? Ich möchte Sie kurz sprechen.

f) *Würdest du wie Gabriela leben wollen?*
- Ⓐ Hättest du gern ein Leben wie Gabriela?
- Ⓑ Willst du denn wie Gabriela leben?
- Ⓒ Wärst du gern wie Gabriela?

8. Leute diskutieren über das Thema Fernsehen. Finden Sie eine Reihenfolge.

a) Trotzdem, Kinder sollten nachmittags spielen und Sport treiben. Das ist besser als Fernsehen.

b) Also, das ist doch alles Unsinn! Diese ganze Diskussion ist Unsinn! Warum macht Fernsehen dumm? Können Sie mir das vielleicht erklären?

c) Ich finde, wenn man Kinder hat, sollte man keinen Fernseher kaufen. (1)

d) Da haben Sie ganz recht. Das Fernsehen macht dumm. Kein Mensch liest heute noch Bücher. Alle sitzen vor dem Fernseher.

e) Warum denn nicht? Das Kinderprogramm ist doch oft ganz gut.

f) Das glaube ich auch. Man kann es den Kindern nicht verbieten, und ich finde, man sollte es auch nicht. Fernsehen ist nicht schlecht, wenn die Eltern vorher oder nachher mit den Kindern über die Sendungen sprechen.

g) Regen Sie sich doch nicht so auf. Man kann doch auch ruhig über dieses Problem sprechen.

h) Sicher, da haben Sie recht. Aber wenn man zu Hause keinen Fernseher hat, dann gehen sie zu Freunden und sehen dort fern. Dagegen kann man nichts machen.

i) Aber welche Eltern tun das denn? Die meisten haben doch keine Zeit dafür. Das Fernsehen ist der moderne Babysitter. Und dann fragen die Eltern den Lehrer, warum ihre Kinder so dumm sind.

Besseres Image mit Klassikern und englischen Filmen in Originalsprache; Rainer Mader und Gunthard Pupke in ihrer Videothek »Fox«

Immer weniger Sex und Horror

Warum man auf dem Videokassettenmarkt mit schlechten Sex- und Horrorfilmen keine großen Geschäfte mehr machen kann.

In deutschen Familien gibt es heute mehr als zwei Millionen Videorecorder. Mit einem solchen Gerät kann man sein eigenes Fernsehprogramm machen. Aber das war bis heute nicht so einfach. Am Anfang des Video-Fiebers konnte man Kassetten meistens nur kaufen, sie kosteten 200 Mark und mehr. 50% der Filme waren harte Sex- und Horrorfilme. Billiger wurde der Video-Spaß, als es

die ersten Videotheken gab. Jetzt mußte man die Kassetten nicht mehr kaufen, man konnte sie leihen. Heute gibt es bei uns schon über 2000 Videotheken, und auch viele Radio- und Fernsehgeschäfte und fast alle Kaufhäuser verkaufen oder verleihen Videofilme.

Für den ersten Tag kostet eine Kassette zwischen 6,50 und 12 Mark. Die nächsten Tage sind billiger.

Wie eine Untersuchung des Verlages Gruner & Jahr zeigt, sind mehr Männer (70%) als Frauen, mehr junge (53% zwischen 20 und 39 Jahren) als alte Leute Kunden in den Videotheken. Nur 10% der Kunden haben das Abitur.

Am Anfang verdienten die Videotheken ausgezeichnet. Doch das Geschäft mit Sex und Horror hatte schnell ein schlechtes Image. Heute fragen die Kunden immer öfter nach besseren Filmen. Und die gibt es jetzt auch, denn die großen internationalen Filmfirmen sind ins große Videogeschäft eingestiegen und verkaufen ihre älteren, aber sehr bekannten Filme auf Kassetten an die Videotheken. Täglich kommen neue Filme auf den Markt. Doch viele Videotheken haben am Anfang zuviel Sex- und Horrorfilme gekauft, jetzt fehlt ihnen deshalb das Geld für die neuen, besseren Filme. Ihr Angebot wird unattraktiv, und sie verlieren ihre Kunden. Nur Videotheken mit genug Kapital und einem breiten Programm haben eine gute Zukunft. Denn schon in drei Jahren gibt es wahrscheinlich doppelt so viele Videorecorder wie heute.

Große internationale Filme konnte man früher auf dem deutschen Markt nicht kaufen oder leihen. Jetzt sind sie das große Geschäft. Einige Filme kommen sogar schon kurz nach dem Kinostart in die Videotheken.

Jährlich 300 neue Titel

Rund eine Million Mark haben Bernd Schoch (vorne rechts) und sein Partner in ihr Hamburger »Videoland« gesteckt: Auf 125 Quadratmetern sind 4500 Cassetten gestapelt. Das Angebot ist nur in wenigen deutschen Videotheken so groß. Die meisten Läden bieten 500 bis 1000 Titel an.

Action läuft am besten

Die neuen Autos von Nissan, Opel und Peugeot im Test gegen Volkswagen. Sind sie so gut wie der Polo?

Mini ist wieder in Mode

Typ	VW Polo	Opel Corsa	Peugeot 205 GR	Nissan Micra
Preis (inkl. MwSt.) DM	13.060,–	13.215,–	13.500,–	10.795,–
Steuer	158,40	144,–	172,80	144,–
Motorleistung kW (PS)	37 (50)	40 (54)	37 (50)	40 (54)
Höchstgeschw. km/h	147	153	144	143
Verbrauch l/100 km*	N 8,6	S 7,6	S 6,9	S 6,8
Gewicht kg	745	770	810	690
Länge m	3,65	3,62	3,70	3,64
Kofferraum (Liter)	500	495	515	470
Versicherung/Jahr**	1008,–	1019,–	1013,–	1013,–
Kosten pro Monat DM***	428,–	415,–	425,–	401,–

*S = Superbenzin, N = Normalbenzin ** im Durchschnitt *** alle Kosten (Versicherung, Steuer, Benzin, Reparaturen) bei 15.000 km pro Jahr.

klein teuer leicht niedrig billig hoch stark wenig schwach viel groß schnell preiswert langsam

Superlativ
ist am höchsten

hat den höchsten Verbrauch
die höchste Geschwindigkeit
das höchste Gewicht

die höchsten Kosten

P. 156, 1a, b, c

Komparativ
ist schwächer als

hat einen schwächeren Motor als
eine höhere Leistung als
ein niedrigeres Gewicht als

– niedrigere Kosten als

1. Welches Auto hat . . .? Welches ist am . . .?

Der Peugeot ist am längsten.
Der Micra hat die niedrigsten Kosten pro Monat.
Der Corsa hat die höchste Geschwindigkeit.
Der Polo hat den höchsten Benzinverbrauch.
Der Peugeot ist . . .

2. Vergleichen Sie die Vor- und Nachteile der Autos.

○ Der Peugeot hat einen schwächeren Motor als der Micra.
□ Richtig, aber dafür hat er einen größeren Kofferraum und ist doch so schnell wie der Micra.
○ Richtig, aber der Micra hat/ist . . .
□ . . .

3. Bist du zufrieden? Schreiben Sie weitere Dialoge.

○ Sag mal, du hast dir doch einen Corsa gekauft. Bist du zufrieden?
□ Ach ja. Er braucht aber mehr Benzin, als man mir gesagt hat.

Er	ist aber langsamer,	als	im Prospekt steht.
	braucht wirklich genauso viel Benzin,	wie	ich geglaubt habe.
	ist wirklich genauso schnell,		. . .

Ärger mit dem Auto

1. Was ist hier kaputt? Was fehlt?

Motor – Benzin – Bremse – Öl – Spiegel – Reifen – Bremslicht – Scheinwerfer

A – Der/Die/Das . . . kaputt/funktioniert nicht.

B – Der/Die/Das . . . fehlt. Das Auto braucht . . .

2. Kann man noch weiterfahren? Muß man das Auto abschleppen?

Wenn der Tank leer ist, muß man Benzin holen.

Wenn der Motor kaputt ist, kann man nicht mehr weiterfahren.

Wenn die Bremse nicht funktioniert, kann...

Wenn . . .

3. Was ist passiert?

A. Hören Sie die drei Texte.

B. Welche Sätze sind richtig?

a) ☐ Ein Auto hat eine Panne.
☐ Hier ist ein Unfall passiert.
☐ Der Unfallwagen kommt.
☐ Der Mechaniker kommt

b) ☐ Karl braucht Benzin
☐ Karl braucht Öl.
☐ Karl muß zur Tankstelle gehen.

c) ☐ Das Fahrlicht funktioniert nicht.
☐ Die Bremsen funktionieren nicht.
☐ Die Scheibenwischer funktionieren nicht.
☐ Das Bremslicht funktioniert nicht.

○ Ich bringe Ihnen den Wagen. Mein Name ist Wegener. Ich habe für heute einen Termin.
□ Richtig, Herr Wegener. Was ist denn kaputt?
○ Der Motor verliert Öl, und die Bremsen ziehen nach links.
□ Sonst noch etwas?
○ Ja, das Bremslicht hinten links geht nicht. Kann ich den Wagen heute nachmittag abholen?
□ Wahrscheinlich ja, wenn die Reparatur am Motor nicht zu schwierig ist.

Ich brauche ihn aber dringend. Man hat mir gesagt, er ist heute nachmittag fertig.
□ ...

Können Sie mich anrufen, wenn der Wagen fertig ist?
□ ...

Ich bringe Ihnen mein Auto.
Ich heiße ... und habe mich für heute angemeldet.

| Stimmt, | Frau ... |
| Ich erinnere mich, | Herr ... |

| Was | ist denn los? |
| | sollen wir denn machen? |

Der Motor	braucht zu viel Benzin.
	läuft / zieht nicht richtig.
Die Handbremse	geht nicht.
Das Fahrlicht vorne rechts / links	
Die linke Tür kann man nicht mehr aufmachen.	
Die Bremslichter sind immer an.	

Alles?
Gibt es noch was?
Noch etwas?
Und sonst noch?

Ja,	die Bremse / der Motor ...
	bitte tanken / waschen Sie den Wagen.
Nein, das ist alles.	

Ist das Auto	heute	früh	fertig?
	morgen	mittag	
	...	...	

Ich glaube ja, wenn die Reparatur am / an der ...
nicht	zu schwer ist
	zu lange dauert.
	zuviel Zeit kostet.

Eugen Rieg Mering

Herrn
Walter Wegener
Enzianstraße 38

8902 Friedberg

Munchener Straße 66
8905 Mering
Telefon (08233) 97 86
Bankverbindungen:
Fuggerbank Kto.-Nr. 0040 055 055 Rep.
Bayer. Vereinsbank Kto.-Nr. 8701 270

RECHNUNG 1473   vom 14.04.1984

Arbeitslohn:	
Handbremse repariert	74,50
Motor repariert	67,80
Bremsbeläge (2 Stück) gewechselt	132,17
Bremsen eingestellt	18,60
Material:	
Bremsbeläge (2 Stück)	103,72
Handbremsseil	26,94
	—————
	423,73
Summe	
14 % Mehrwertsteuer	59,32
	—————
	483,05
Betrag	======

Herr Wegener holt sein Auto ab. Die Werkstatt sollte nur die Bremsen reparieren, aber
nicht die Handbremse. Herr Wegener ärgert
sich, denn diese Reparatur hat 74,50 DM extra
gekostet, und beschwert sich deshalb.

○ Sie sollten doch nur die Bremsen reparieren,
  aber nicht die Handbremse.
  Das können Sie doch nicht machen!
□ Aber die Handbremse hat nicht funktioniert.
  Das ist doch gefährlich.
○ Das ist doch nicht gefährlich! . . .
□ . . .

1. Schreiben Sie den Dialog weiter und spielen Sie ihn dann.

Sie können folgende Sätze verwenden:

Das	können Sie mit mir nicht machen!	Das	glaube ich nicht.
	dürfen Sie nicht so einfach!		überzeugt mich nicht.
	geht doch nicht!		ist doch Unsinn!

Das	interessiert mich nicht!	Ich brauche die Handbremse nie!
	ist mir egal!	Die Handbremse ist doch unwichtig!

Das ist doch gefährlich.	Sicher,	aber . . .	Da haben Sie recht.
Das kostet doch nicht viel,	Das stimmt,		Das habe ich nicht gewußt.
und sie fahren sicherer.	Sie haben recht,		Was machen wir jetzt?
Mit einer kaputten Handbremse	Das tut mir leid,		Das tut mir leid.
darf man nicht fahren.	Das ist richtig,		Verzeihung.

2. Sie können auch Dialoge zu folgenden Situationen spielen:

A. Sie wollten für Ihr Auto nur einen neuen Reifen, aber die Werkstatt hat zwei montiert.
B. An einer Tankstelle. Sie wollten nur für 20 DM tanken, aber der Tankwart hat den Tank voll
   gemacht.

3. ‚Wie' oder ‚als'? Ergänzen Sie.

a) Den Corsa finde ich besser _____ den Polo.

b) Der Micra fährt fast so schnell _____ der Peugeot.

c) Der Peugeot hat einen genauso starken Motor _____ der Polo.

d) Der Micra verbraucht weniger Benzin _____ der Polo.

e) Der Micra hat einen fast so großen Kofferraum _____ der Corsa.

f) Es gibt keinen günstigeren Kleinwagen _____ den Micra.

g) Kennen Sie einen schnelleren Kleinwagen _____ den Corsa?

h) Der Corsa kostet genauso viel Steuern _____ der Micra.

4. Sie können es auch anders sagen.

a) Man hat mir gesagt, das neue Auto verbraucht weniger Benzin. Aber das stimmt nicht.
Das neue Auto verbraucht mehr Benzin, als man mir gesagt hat.

b) Man hat mir gesagt, das neue Auto verbraucht weniger Benzin. Das stimmt wirklich.
Das neue Auto verbraucht genauso wenig Benzin, wie man mir gesagt hat.

c) Du hast gesagt, die Werkstattkosten für einen Peugeot sind sehr hoch. Ich wollte es nicht glauben, aber du hast recht.

d) Der Autoverkäufer hat uns gesagt, der Motor ist erst 25 000 km gelaufen. Aber das ist falsch. Der Motor ist viel älter.

e) In der Anzeige steht, der Wagen fährt 150 km/h. Aber er fährt schneller.

f) In der Anzeige schreibt Nissan, der Micra fährt 143 km/h. Das stimmt.

g) Der Autoverkäufer hat mir erzählt, den Wagen gibt es nur mit einem 54 PS-Motor. Aber es gibt ihn auch mit einem schwächeren Motor.

h) Früher habe ich gemeint, Kleinwagen sind unbequem. Das finde ich nicht mehr. Letzte Woche habe ich mir welche angesehen, und die sind sehr bequem.

5. Schreiben Sie einen Dialog.

Ich kann Sie ja verstehen, Frau Becker. Wir versuchen es, vielleicht klappt es ja heute doch noch.

Nein, das ist alles. Wann kann ich das Auto abholen?

~~Mein Name ist Becker. Ich möchte meinen Wagen bringen.~~

Morgen nachmittag erst? Aber gestern am Telefon haben Sie mir doch gesagt, es geht heute noch.

Das muß man doch wissen. Das geht doch nicht!

Morgen nachmittag. Die Bremsen ziehen immer nach links, und der Motor braucht zuviel Benzin.

Es tut mir leid, Frau Becker. Aber wir haben so viel zu tun. Das habe ich gestern nicht gewußt.

Noch etwas? Ja gut. Meine Nummer kennen Sie ja.

Ach ja, Frau Becker. Sie haben gestern angerufen. Was sollen wir machen?

○ *Mein Name ist Becker. Ich möchte meinen Wagen bringen.*

□ _____

○ _____

□ ...

6. Ergänzen Sie.

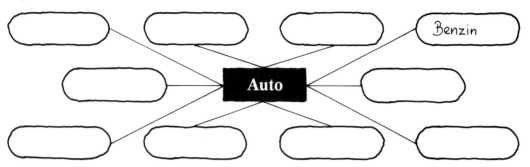

7. Was paßt wo?

leicht	preiswert	voll	niedrig	schwach	schnell

a) langsam – _____

b) teuer – _____

c) leer – _____

d) stark – _____

e) schwer – _____

f) hoch – _____

8. Was kann man nicht sagen?

a) Ich muß meinen Wagen waschen/tanken/baden/abholen/anmelden.

b) Der Tank ist kaputt/schwierig/leer/voll/stark.

c) Ich finde, der Motor läuft zu langsam / sehr gut/nicht richtig/zu schwierig/sehr laut.

d) Ist der Wagen preiswert/blau/blond/hübsch/neu?

e) Das Auto verliert/braucht/hat genug/ißt/nimmt Öl.

f) Mit diesem Auto können Sie Benzin sparen/schnell fahren/gut laufen/Geld sammeln/gut parken.

9. Was paßt wo?

bremsen	reparieren	abschleppen	bezahlen	fahren	tanken

a) Benzin – _____

b) Panne – _____

c) Räder – _____

d) Wagen – _____

e) Werkstatt – _____

f) Steuer – _____

10. Was paßt wo?

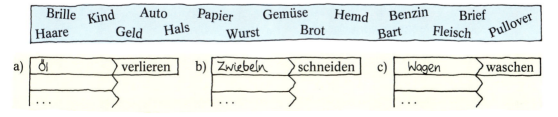

AUTOWERKSTATT

1. Setzen Sie die Sätze richtig zusammen.

P. 157, 2a + b

a)	Der Alfa Romeo		gewaschen
b)	Das Wasser im VW-Polo	wird	abgeholt
c)	Der Peugeot		nachgefüllt
d)	Die Reifen vom Porsche		repariert
e)	Die Mercedes	werden	geprüft
f)	Die Bremsen vom Fiat		gewechselt

2. Arbeiten in einer Autowerkstatt. Was passiert hier? Schreiben Sie.

Kaufvertrag unterschreiben   sauber machen   arbeiten   tanken   Rechnung bezahlen   waschen
reparieren   Bremsen prüfen   Wasser nachfüllen   abschleppen   wechseln   abholen

a) Hier wird ein Auto abgeholt.   e) _____   i) _____

b) _____   f) _____   j) _____

c) _____   g) _____   k) _____

d) _____   h) _____   l) _____

3. Ihre Grammatik. Ergänzen Sie.

ich	du	Sie	er/sie/es	man	wir	ihr	sie
werde abgeholt	w						

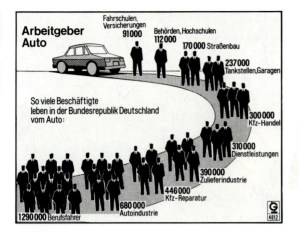

Arbeitgeber Auto

Fahrschulen, Versicherungen 91 000

Behörden, Hochschulen 112 000

170 000 Straßenbau

237 000 Tankstellen, Garagen

So viele Beschäftigte leben in der Bundesrepublik Deutschland vom Auto:

300 000 Kfz-Handel

310 000 Dienstleistungen

390 000 Zulieferindustrie

446 000 Kfz-Reparatur

680 000 Autoindustrie

1 290 000 Berufsfahrer

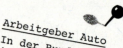

Arbeitgeber Auto

In der Bundesrepublik leben über 4 Millionen Arbeitnehmer vom Auto. Nur 1,8 Millionen arbeiten direkt für das Auto: in den großen Autofabriken, in kleineren Autoteilefabriken, in Tankstellen oder Werkstätten. Die anderen Stellen sind in Büros, Ämtern, Autogeschäften, Autoversicherungen und im Straßenbau.

Wo arbeiten?

in der Prüfabteilung
in + Dativ
(allgemeine Orte, Institutionen, ...)

bei ELO
bei + Namen
(von Firmen, Personen, ...)

1. Zum Beispiel Karl Böge

Karl Böge arbeitet bei „ELO" in Geislingen. Diese Firma produziert Lampen und Elektroteile für Autos. Karl Böge arbeitet in der Prüfabteilung. Dort muß er den ganzen Tag Lampen prüfen. Die Arbeit ist leicht, aber monoton. Er verdient 13,78 DM in der Stunde.

2. Beschreiben Sie die Arbeitsplätze der folgenden Personen.

Name:	Betrieb:	Ort:	Produkt:	Abteilung:	genaue Arbeit:	Qualität der Arbeit:	Stundenlohn:
Kemal Turan	Kopperschmidt	Bielefeld	Werkzeuge für VW	Materialprüfung	Knöpfe drücken	einfach, laut	14,30
Dunja Ninic	Continental	Hannover	Autoreifen	Versand	Adressen kleben	einfach, monoton	7,56
Gerd Polenz	Thyssen	Duisburg	Autobleche	Schweißerei	Bleche schweißen	schwer, gefährlich	14,90
Nino Sabato	VDO	Schwalbach	Autoelektroteile	Versand	Lastwagen fahren	anstrengend, interessant	14,90

Haushaltsgeld – wofür?

Monatliches Nettoeinkommen von 4-Personen-Arbeitnehmerhaushalten mit mittlerem Einkommen insgesamt: **3 198 DM**

daven für:

Möbel, Hausrat

Kleidung

Bildung, Unterhaltung

Freiwill. Versicherungen, Beiträge u.a.

Auto, Verkehr, Post **374**

237

234

220

170

Heizung, Strom, Gas **162**

126 Reisen

Miete **418**

97 Zigaretten, Alkohol u. a.

84 Körperpflege, Gesundheit

Nahrungs-mittel **602 DM**

48 Geschenke

Ersparnis **426**

Lohn-/Gehalts-Abrechnung

Elo + Co. KG
Max-Weber-Str. 16
7340 Geislingen
Tel. (07331) 12689

Nr.   49

Name   Böge, Karl

Zeitraum   1.3. – 31.3.1984

Lohn/Gehalt		
172 Std. à DM 13,78		2370,16
8 Über-Std. à DM 13,78		110,24
Über-Std.-Zuschläge (25 %) (3,45 DM)		27,60
	Brutto-Verdienst	2508,--

Abzüge		
Lohnsteuer (Stkl.) III/1	261,30	
Kirchensteuer kath.	16,90	
Krankenversicherung	136,68	
Arbeitslosenversicherung	57,68	
Rentenversicherung	231,99	
Gesamt-Abzüge		704,55
	Netto-Verdienst	1803,45

Steuerfreie Zuschläge		
Fahrgeld		36,--
. . . .		
. . . .		
	Auszuzahlender Betrag	1839,45

Errechnet:

Datum   30.3.84

Zeichen AY

3. Lohn-/Gehaltsabrechnung

Was verdient Herr Böge brutto?
Wieviel zahlt die Firma ELO direkt an Herrn Böge?
Warum bekommt Herr Böge nicht seinen ganzen Lohn?

4. Haushaltsgeld – wofür?

A. Wieviel Geld verdient eine normale Familie
   (4 Personen) in der Bundesrepublik? Was gibt sie für Essen, Kleidung, Auto usw. aus?
B. Herr Böge ist verheiratet und hat zwei Kinder (7 und 11 Jahre). Verdient er genug?

Chemie: 3,2 Prozent mehr Lohn

Bonn   (dpa/ddp).
Die Gespräche zwischen der Gewerkschaft IG Chemie, Papier, Keramik und den Arbeitgebern der chemischen Industrie sind schon nach zwei Tagen zu Ende. Die etwa 660 000 Arbeiter und Angestellten in den Chemie-, Papier- und Keramik-Fabriken sollen 3,2 Prozent mehr Gehalt bekommen. Außerdem müssen Arbeitnehmer über 58 Jahre nächstes Jahr nur noch 36 Stunden pro Woche arbeiten.

Verhandlungen der IG Druck ab Montag

Stuttgart   (dpa).
Die Tarifgespräche für die rund 175 000 Arbeitnehmer in der Druckindustrie fangen am nächsten Montag in Mannheim an. Die Gewerkschaft IG Druck und Papier verlangt 6,5 Prozent mehr Lohn und Gehalt. Die Arbeitgeber wollen nur 3 Prozent zahlen.

Bis heute 700 000 Metall-arbeiter im Streik

Frankfurt   (AP/dpa).
Etwa 21 000 Metallarbeiter haben auch gestern wieder – einen Tag vor den Gesprächen zwischen Arbeitgebern und der Gewerkschaft IG Metall – gestreikt und demonstriert. Seit Ende Februar haben damit insgesamt etwa 700 000 Metallarbeiter in der Bundesrepublik gestreikt. Die IG Metall verlangt 4 Prozent mehr Lohn.

Harry Gerth, 29, verheiratet, ein Kind, ist einer von rund 60000 Beschäftigten bei VW in Wolfsburg. Vor zehn Jahren wurde der gelernte Metzger in einem Drei-Wochen-Kurs bei VW zum Fließbandarbeiter ausgebildet. Jetzt steht er als CO_2-Schweißer am Hochband in Halle 4, Karosserieabteilung. Hochband heißt: Er arbeitet mit den Händen über seinem Kopf, die Golf-Karosserien laufen an seinen Augen vorbei. Bei 271 Karosserien pro Tag hat Harry Gerth für ein Auto 92 Sekunden Zeit.

Harry ist Wechselschichtarbeiter, das heißt: Er arbeitet eine Woche von 5.30 Uhr bis 14 Uhr und die nächste Woche von 14

Warum ein Schweißer bei VW mit seiner monotonen Fließbandarbeit zufrieden ist

Hauptsache, die Kasse stimmt

Uhr bis 22.30 Uhr. Sein Stundenlohn macht 16,06 DM. Brutto-Monatslohn: 2934,96 Mark. Die 30 Minuten Essenspause pro Tag werden ihm nicht bezahlt. Aber er hat dreimal 16 Minuten bezahlte Pausen.

Nach Tarif hat Harry Gerth im Jahr 28 Tage Urlaub. Das Urlaubsgeld macht 50% von seinem Monatslohn. Als Wechselschichtarbeiter bekommt er alle 40 Monate zehn bezahlte Arbeitstage frei plus 300 Mark Taschengeld. Für jede Überstunde bekommt er zu den 16,06 Mark noch 40% dazu. Im letzten Jahr hat er außerdem ein Weihnachtsgeld von 981 Mark bekommen, und 420 Mark extra, weil VW gut verdient hat. Das ist aber nicht immer so, in Krisenjahren gibt es das nicht.

Der Lohn und die Sozialleistungen halten Harry Gerth bei VW, obwohl seine Arbeit kein Ver-

gnügen ist. »Ich bin jeden Tag froh, wenn ich mit der Arbeit fertig bin; aber ich weiß auch, wieviel ich am Monatsende auf dem Bankkonto habe!« sagt er.

In den meisten Familien arbeiten die Frauen auch mit. »Als wir geheiratet haben, war das in den ersten vier Jahren auch so. Wir haben Winter- und Sommerurlaub gemacht, 20000 DM gespart, den teuren Scirocco gekauft (wie jeder VW-Arbeiter bekommt er ein Auto zwischen 16 und 19% billiger); und wir haben uns für etwa 35000 Mark Möbel gekauft.«

Seine Wohnung ist eine der Fabrikwohnungen von VW, die an die Arbeiter und Angestellten günstig vermietet werden: 78 qm groß, drei Zimmer, WC für Gäste extra, 444,30 DM Miete ohne Nebenkosten. Im Wohnzimmer: ein »Supercolor«-Fernseher.

Hat er Angst vor Rationalisie-

rung? »Wenn ich morgen an einen anderen Arbeitsplatz müßte, wo ich weniger verdienen würde, würde ich trotzdem meinen jetzigen Lohn zwei Jahre lang weiter bekommen.« Er würde also nicht entlassen werden. Das steht im Tarif von IG Metall für VW-Arbeiter.

Hat er keine Karrierechancen? »Die Chance hatte ich vor ein paar Jahren. Da konnte ich Vorarbeiter werden.« Als Vorarbeiter hat man Vorteile: man kommt raus aus der Produktion, raus aus der Monotonie, und man bekommt mehr Geld. Harry Gerth wollte aber nicht. »Ich bin in der Gewerkschaft. Als Betriebsrat kann ich für meine Kollegen sprechen. Aber als Vorarbeiter wäre ich auf der anderen Seite. Ich kann doch nicht erst für einen Kollegen sprechen und später gegen ihn. Das wäre nichts für mich.« *Edith Hahn*

1. Welcher Satz paßt zu welcher Überschrift?

a) Der Arbeitsplatz und die Arbeit von Harry Gerth
b) Arbeitszeit und Verdienst
c) Gewerkschaft und Karrierechancen

☐ Harry Gerth ist Schweißer bei VW in Wolfsburg.

☐ Als Betriebsrat kann er für seine Kollegen sprechen.

☐ Er verdient 2934,96 DM im Monat.

☐ Das wollte er aber nicht.

☐ Das ist eine anstrengende Arbeit, weil er mit seinen Händen immer über dem Kopf arbeiten muß.

☐ Harry Gerth ist meistens 8,5 Stunden in der Fabrik.

☐ Dort steht er am Fließband und schweißt Karosserien für den Golf.

☐ Diese Gewerkschaft hat einen eigenen Tarifvertrag mit VW.

☐ Er ist Wechselschichtarbeiter.

☐ Das sind 16,06 DM in der Stunde.

☐ Er arbeitet in der Karosserieabteilung.

☐ Das heißt, er geht eine Woche morgens, die nächste Woche abends zur Arbeit.

☐ Harry Gerth ist in der IG Metall.

☐ Manchmal muß er auch Überstunden machen.

☐ Vor ein paar Jahren konnte er Vorarbeiter werden.

☐ Er ist zufrieden, obwohl diese Arbeit monoton ist.

☐ Dann würde er jetzt mehr verdienen.

☐ Dann bekommt er 40% mehr Stundenlohn.

☐ Dann würde er nicht mehr für die Arbeiter sprechen können.

2. Die Journalistin Edith Hahn hat den Artikel über den VW-Arbeiter Harry Gerth geschrieben. Vorher hat sie mit ihm ein Interview über seine Arbeit gemacht. Unten finden Sie die Fragen der Journalistin. Welche Antworten hat Harry Gerth wohl gegeben?

E. H.: Herr Gerth, wie lange sind Sie eigentlich schon bei VW?
H. G.: _____

E. H.: Was haben Sie vorher gemacht?
H. G.: _____

E. H.: Und was machen Sie jetzt bei VW? In welcher Abteilung arbeiten Sie?
H. G.: _____

E. H.: Sagen Sie, finden Sie Ihre Arbeit nicht sehr anstrengend?
H. G.: _____

E. H.: Und Ihre Arbeitszeit, wie finden Sie die? Die ist doch ziemlich unregelmäßig.
H. G.: _____

E. H.: Entschuldigen Sie, Herr Gerth, wenn ich Sie so direkt frage. Was verdienen Sie?
H. G.: _____

E. H.: Sind Sie damit zufrieden?
H. G.: _____

E. H.: In der Industrie sprechen alle von Rationalisierung. Was denken Sie darüber?
H. G.: _____

E. H.: Herr Gerth, Sie sind jetzt schon ziemlich lange bei VW und haben eigentlich immer nur in der Montage gearbeitet. Haben Arbeiter bei VW keine Karrierechancen?
H. G.: _____

Die Hamburger Polizei nimmt einen Mann fest, der gestohlene Mercedes in den Nahen Osten verschieben wollte.

Die Geschäfte der Autodiebe gehen immer besser

Am liebsten Porsche

Der Golf, so kann man in einer VW-Anzeige in den USA lesen, ist das Auto, das am meisten geklaut wird. Der Grund: Es gibt in den USA kein sparsameres Auto als den Golf. Auch in der Bundesrepublik ist der Golf bei den Autodieben sehr beliebt. Von 45 000 Autos, die im letzten Jahr gestohlen wurden, sind 11.500 von VW. Doch diese Zahlen zeigen kein richtiges Bild, denn es gibt viel mehr Volkswagen auf den deutschen Straßen als Autos von Porsche und Alfa Romeo. Nur 1,6 von 1000 Volkswagen, aber 13,1 von 1000 Porsche werden geklaut. Außer Porsche sind auch Alfa Romeo, BMW und Citroën bei den Autodieben sehr beliebt. Interessant ist, daß immer weniger Mercedes ohne Geld den Besitzer wechseln. Dafür gibt es einen einfachen Grund. Sie haben ein verstecktes Codesystem. Damit können geklaute Autos an den Grenzen leicht erkannt werden, sogar dann, wenn die falschen Autopapiere sehr gut sind.

Alle zwölf Minuten wird in der Bundesrepublik ein Auto gestohlen. Sogar hochmoderne Alarmanlagen sind für Profi-Diebe kein grosses Problem. Gut funktioniert nur das Identicar-System aus England: Auf allen Scheiben eines Autos ist seine Nummer zu lesen. Die Autodiebe müssen also Scheiben erneuern, weil sie für den Verkauf des Wagens unbedingt eine neue Nummer brauchen. Das ist ziemlich teuer und kostet Zeit.

Die Hitliste der Autodiebe

Von tausend Autos werden gestohlen...

Porsche	13,1
Alfa Romeo	6,8
BMW	5,8
Citroën	3,1
Mercedes	2,9
Ford	1,8
Talbot	1,6
VW	1,6
Fiat	1,5
Opel	1,4
Renault	1,2

Hochgerechnet nach Angaben des Landeskriminalamtes Nordrhein-Westfalen

Wenn die Haushaltskasse nicht mehr stimmt

Mit der Krise leben: Zum Beispiel Familie Lochner in Bochum

„Komm mir bloß nicht mit so einem Ding nach Hause," hat Vater Lochner zu seinem ältesten Sohn Alex gesagt, als der von einem Walkman schwärmt, einem Kassetten - Abspielgerät mit Leicht-Kopfhörer. „Ich nehm's dir weg und schmeiß es in den Müll, das sag' ich dir!" Alex meint, daß er seinem Vater schon so etwas zutrauen würde. „Es wäre nicht das erste Mal, daß er sowas macht", sagt er. „Natürlich, ich höre euch ja schließlich auch zu, wenn ihr mir etwas sagt, da könnt ihr mir auch zuhören und braucht euch nicht die Ohren verstopfen mit Musik!" sagt der Vater darauf.

Herr Lochner ist nicht unzufrieden mit seinen drei Söhnen. „Ja, sicher, ein paar Sachen gefallen mir nicht, der Alex, der könnte schon ein bißchen gepflegter sein in seinem Äußeren…" Er meint die Kleider, die er bei Alex zu bunt findet, bei Thomas, dem zweiten, übrigens auch. „Und daß sich Alex nur alle zwei oder drei Tage kämmt, das versteh' ich auch nicht. Aber so im großen und ganzen bin ich schon zufrieden mit ihnen. Wir haben den Jungs immer gesagt, sie sollen frei ihre Meinung sagen und andere auch ihre Meinung sagen lassen. Und das tun sie jetzt eigentlich auch…"

Herr Lochner arbeitet bei Krupp und bringt im Monat etwa 2000 Mark netto nach Hause. Dazu kommen noch 240 Mark Kindergeld, die der Staat bezahlt; die Familie kann also im Monat 2240 Mark ausgeben. Zum Glück ist die Miete für die Doppelhaushälfte billig: 680 Mark mit Strom, Gas und Wasser. Das Doppelhaus gehört nämlich Herrn Lochners Arbeitgeber, der Firma Krupp. Für Versicherungen gibt Herr Lochner 140 Mark aus, für die Gewerkschaft (IG Metall) 24 Mark, für die Zeitung 17,90 Mark. Das Auto, ein alter Ford mit 110 000 km auf dem Tacho, kostet durchschnittlich 200 Mark, und 800 bis 900 Mark braucht Frau Lochner für die Haushaltskasse, sonst werden ihre vier Männer nicht satt. Da bleibt am Monatsende nicht viel übrig, vielleicht mal 100 oder 150 Mark für die Urlaubskasse.

Seit drei Monaten macht Herr Lochner Kurzarbeit, weil es bei Krupp nicht genug Arbeit gibt. Das heißt, daß er nur noch dreißig Stunden pro Woche arbeiten kann, statt vierzig. Das Arbeitsamt zahlt Kurzarbeitergeld und gleicht damit einen Teil des verlorenen Einkommens aus, aber es fehlen trotzdem 140 Mark in der Haushaltskasse. Seit der Vater kurzarbeitet, gibt es deshalb weniger Fleisch, und abends kommt meistens kein warmes Essen mehr auf den Tisch, sondern nur Brote. Herr Lochner dreht seine Zigaretten jetzt selbst und versucht auch – „manchmal mit Erfolg…" – weniger zu rauchen. Und Berti, der jüngste Sohn, bekommt kein regelmäßiges Taschengeld mehr.

Ein teures Hobby hat zum Glück niemand in der Familie, im großen Garten gibt es genug zu tun, keiner braucht sich also zu langweilen. Trotz der Kurzarbeit müssen die beiden älteren Jungen kein Essengeld zahlen, und die Eltern haben Alex sogar 600 Mark für einen Heimcomputer geliehen. Geld bei der Bank leihen, für ein Auto zum Beispiel oder für neue Möbel, das machen Lochners nicht mehr. „Vielleicht wird mein Mann ja mal arbeitslos, und dann könnten wir einen Kredit nicht mehr bezahlen," meint Frau Lochner.

„Seit die CDU an der Regierung ist, geht es den kleinen Leuten schlechter," sagen Lochners. „Es gibt weniger Kindergeld, und wenn ich ins Krankenhaus müßte, dann muß ich jetzt für die ersten Wochen fünf Mark pro Tag selbst zahlen," so begründet Herr Lochner diese Meinung. Er und seine Frau haben immer SPD gewählt, und dabei werden sie wohl auch bleiben.

Die Eltern verstehen nicht so recht, daß Alex jetzt bei der Friedensdemonstration mitmacht. „Klar, für Frieden ist jeder, wir auch. Aber wichtiger ist doch jetzt, daß jeder einen Arbeitsplatz hat. Warum soll Rheinmetall keine Waffen produzieren? Dadurch haben doch viele Leute Arbeit, die sonst arbeitslos wären."

Wirkliche Angst vor der Zukunft hat niemand in der Familie. Der Vater ist noch nicht arbeitslos, und Kriege gibt es bis jetzt nur in anderen Teilen der Welt, weit weg von Europa.

Der Job-Killer

Noch verdient jeder dritte Angestellte bei uns sein Geld am Schreibtisch. Aber Millionen Arbeitsplätze sind in Gefahr: Die Mikro-Chips in den Computern machen normale Büroarbeiten besser und schneller als Menschen.

Ein Beispiel: Hermann Schulz aus Köln will seiner Frau ein neues Auto kaufen. Weil er nicht genug Geld hat, geht er zu seiner Bank und bittet um einen Kredit. Früher dauerte die Antwort der Bank zwei oder drei Tage, jetzt bekommt er sie sofort. Denn der Bankangestellte gibt die Daten von Hermann Schulz in einen zentralen Computer. Der prüft die Daten von Herrn Schulz. Der Angestellte entscheidet nicht mehr selbst, das macht der Computer für ihn.

Noch ist dás Zukunft, aber die kommt heute schneller als früher. Sogar Computer-Ingenieure sind nicht mehr sicher, ob die Menschen schnell genug lernen können, die neuen Techniken zu kontrollieren. Früher haben Maschinen nur die menschliche Handarbeit gemacht, jetzt sollen sie auch bestimmte Kopfarbeiten erledigen.

Viele Angestellte werden in Zukunft wegen ihres neuen Kollegen Computer entlassen, und es werden keine neuen eingestellt. Das Ergebnis: Tausende Leute mit Büroberufen sind arbeitslos.

Aber nicht nur in den Büros, auch in den Fabriken machen in den nächsten Jahren immer mehr Computer und Roboter die Arbeit.

Die Gewerkschaften wissen bis jetzt noch nicht genau, wie sie auf den Job-Killer Computer reagieren sollen. Dieses Jahr wollen sie für eine kürzere Wochenarbeitszeit kämpfen und, wenn es notwendig ist, auch streiken. Doch damit allein kann man das Problem nicht lösen. Es muß auch eine Antwort auf die Frage gefunden werden: Was machen die Leute mit der vielen Freizeit?

Schreibsäle sind heute noch in vielen Großbetrieben üblich. In wenigen Jahren werden sie leer sein. Ein winziges Stück Silizium, der Mikro-Chip (oben) macht Computer so leistungsfähig, daß sie die meiste Arbeit in den Büros übernehmen können.

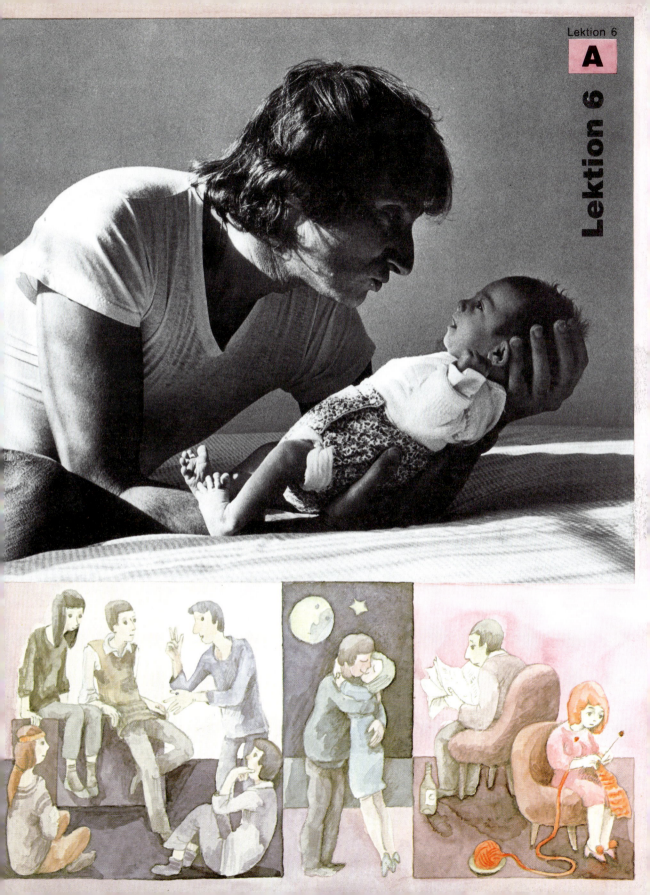

Die beste Lösung für Barbara

Er findet mich zu dick – ich versuche abzunehmen.

Er mag keine Zigaretten – ich versuche, weniger zu rauchen.

Er findet mich zu nervös – ich versuche, ruhiger zu sein.

Er liebt Pünktlichkeit – ich versuche, pünktlicher zu sein.

Er findet mich langweilig – ich versuche, aktiver zu sein.

Er findet mich unfreundlich – ich versuche, netter zu sein.

Er sagt, ich arbeite zuviel – ich versuche, weniger zu arbeiten.

Er will mich ganz anders – ich versuche, einen anderen Mann zu finden.

1. Was macht Barbara?

P. 158, 1

Barbaras Mann sagt:	Was macht Barbara?
„Du ißt zuviel."	Sie versucht, weniger zu essen.
„Ich mag nicht, wenn Frauen rauchen."	Sie versucht, . . .
„Du bist zu unruhig."	
„Du kommst schon wieder zu spät."	
„Andere Frauen sind aktiver."	
„Warum lachst du nie?"	
„Du kommst immer so spät aus dem Büro."	
„Dein Essen schmeckt nicht."	

2. Was gefällt Ihnen bei anderen Leuten? Was gefällt Ihnen nicht?

Mir gefallen lustige Menschen am besten.

Ich mag gern, wenn jemand gemütlich ist.

Unhöfliche Leute kann ich nicht leiden.

Mir gefällt nicht, wenn jemand viel redet.

tanzen können	Kinder mögen	viel reden	Humor haben
zuviel trinken	sich aufregen über	...	Tiere mögen

aggressiv ... laut freundlich pünktlich langweilig

lustig dick gemütlich ... natürlich unhöflich

3. Was gefällt Ihnen an den folgenden Personen? Was gefällt Ihnen nicht?

P. 158, 1

Also, ich habe eine Kollegin, die versucht immer, mich zu ärgern.

Mein Bruder ist eigentlich ganz nett, aber er hat nie Lust, mir zu helfen.

| Mein
Meine | Kollege
Kollegin
Chef(in)
Nachbar(in)
Freund(in)
Schwester
Bruder | vergißt
versucht
... | immer,
meistens,
oft,
manchmal
..., | mir
mich
sich
sich mit mir
mit mir
essen / tanzen
eine Pause
über Politik
die Wohnung
... | zu helfen / zu reden /
zu ärgern / zu entschuldigen /
zu unterhalten / anzurufen /
zu gehen / einzuladen /
zu flirten / zu machen /
zu kritisieren / ... |
| | | hat | selten
nie
... | Lust,
Zeit, | |
| | | hilft mir | nie,
selten,
..., | | aufzuräumen.
... |

1. Ingrid und Peter

A. Hören Sie den Dialog.

B. Was ist richtig?
a) Ingrid ärgert sich,
   ☐ weil Peter zu spät zum Essen kommt.
   ☐ weil Peter schon gegessen hat.
   ☐ weil Peter nicht mit ihr essen will.

b) Peter kommt zu spät,
   ☐ weil er mit einem Kollegen gegessen hat.
   ☐ weil er noch arbeiten mußte.
   ☐ weil er noch telefonieren mußte.

c) ☐ Peter konnte Ingrid nicht anrufen.
   ☐ Peter hat vergessen, Ingrid anzurufen.
   ☐ Peter hat kein Telefon im Büro.

d) Ingrid sagt:
   ☐ „Du telefonierst nie mit mir."
   ☐ „Du vergißt immer, mich anzurufen."
   ☐ „Du rufst immer zu spät an."

2. Ingrid und Peter haben Probleme. Sie gehen zu einem Eheberater.

A. Was kritisiert Peter an Ingrid? Was kritisiert Ingrid an Peter?

B. Wenn Sie möchten, spielen Sie das Gespräch als Rollenspiel.

Er/Sie vergißt... hilft... versucht... hat Angst... hat nie Lust... hat nie Zeit... hat nicht gelernt ...

mir alles erzählen   Frühstück machen
ins Kino gehen   in der Küche helfen
   Kinder in den Kindergarten bringen
die Wohnung aufräumen   sich duschen
das Auto waschen   meine Eltern einladen
den Fernseher anmachen   Geld sparen
mich küssen   den Fernseher ausmachen
mich morgens   Hosen in den
wecken   Schrank hängen   ...

Erst mal leben – Kinder später

Junge Paare heute:

Wenn junge Leute heute heiraten, wollen viele in den ersten Jahren frei sein, reisen und das Leben genießen.
Andere sparen für ein Haus, eine Wohnung, Möbel oder ein Auto. Kinder sollen erst später oder überhaupt nicht kommen.

Eine Untersuchung der Universität Bielefeld hat gezeigt:

– 10 Prozent der jungen Ehepaare wollen gleich nach der Heirat Kinder.

– 30 Prozent meinen, daß Kühlschrank, Fernseher und Auto am

Anfang genauso wichtig sind wie Kinder.
– 60 Prozent finden, daß Anschaffungen wie Kühlschrank, Waschmaschine usw. während der ersten Ehejahre wichtiger sind. Nach einigen Jahren möchte man auch Kinder haben.

Hier sind einige Beispiele von Interviews aus der Untersuchung.

A. Hören Sie zu.   B. Ergänzen Sie dann die Sätze.

a)
*Toni (27) und
Carola (25) Sauer,
Bäcker/Friseuse,
Ludwigshafen*

c)
*Klaus-Dieter (26)
und Elke (24) Sören,
Arbeiter/Angestellte,
Hamburg*

Carola meint, daß ein Ehepaar keine _____ haben muß. Sie meint, daß _____ genauso wichtig sind wie _____ . Sie hat Angst, daß Kinder sie nur _____ würden.

Elke und ihr Mann wollen jetzt noch kein Baby, obwohl sie _____ lieben. Elke will weiter arbeiten, weil ihr Mann _____ verdient. Sie meint, daß sie noch _____ brauchen.

b)
*Walter (24) und
Gabriele (27) Strab,
Angestellter/Studentin,
Berlin*

d)
*Dieter (28) und
Sabine (27) Oelmann,
Programmierer/
Sekretärin, Essen*

Walter hofft, daß er und seine Frau bald _____ finden. Er meint, daß man mit einem Kind nicht _____ leben kann. Außerdem möchte er nicht, daß seine Frau aufhört zu _____ .

Sabine sagt, daß sie sofort _____ haben will. Sie meint, daß _____ für Kinder besser sind.

WIR HABEN GEHEIRATET

Helmut Schwarz
Burglind Schwarz
geb. Marquardt

Bielefeld 11, Am Stadion 20, 31. März 1983
z.Z. auf Reisen

WIR VERLOBEN UNS

Carola Sczogalla
Franziskusweg 1
4815 Schloß Holte-Stukenbrock

Wolf Michael Puth
Engelbert-Kämpfer-Straße 4
4920 Lemgo

Ostern 1983

○ Sag mal, stimmt es, daß Burglind geheiratet hat?
□ Ja, das habe ich auch gehört.
○ Und – ist er nett?
□ Ich weiß nur, daß er Helmut heißt.
○ Kennt sie ihn schon lange?
□ Sie hat ihn im Urlaub kennengelernt, glaube ich.

1. Spielen Sie die Dialoge.

P. 158, 2

a) Burglind hat geheiratet. Ihr Mann heißt Helmut. Sie hat ihn im Urlaub kennengelernt.
b) Giorgio hat eine neue Freundin. Sie ist Italienerin. Er kennt sie aus dem Deutschkurs.
c) Carola hat sich verlobt. Ihr Verlobter heißt Wolf-Michael. Sie kennt ihn aus der Diskothek.
d) Oliver hat geheiratet. Seine Frau ist Packerin. Er kennt sie aus der Fabrik.
e) Herr Krischer hat sich verlobt. Seine Verlobte heißt Maria. Er kennt sie aus der Universität.
f) Ina hat einen neuen Freund. Er ist Ingenieur. Sie kennt ihn aus der U-Bahn.

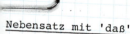

Nebensatz mit 'daß'
Stimmt es,
daß   Burglind geheiratet hat?
       Hat Burglind geheiratet?

Ich glaube, daß die Liebe in der Ehe nicht das Wichtigste ist.
Ich bin dagegen, daß eine Ehefrau arbeiten geht.
Ich glaube, daß die Ehe die Liebe tötet.
Ich bin der Meinung, daß die Frauen alle nur heiraten wollen.
Ich bin überzeugt, daß Kinder eine Ehe glücklicher machen.
Ich bin sicher, daß die Ehe in 50 Jahren tot ist.
Ich finde, daß man schon sehr jung heiraten soll.

2. Was meinen Sie dazu?

Das ist nicht ganz falsch.   Das ist doch Unsinn!   Na ja, ich weiß nicht.

Sicher, aber ...   Ich bin dafür, daß ...   ...

3. Sagen Sie es anders.

a) Meine Freundin glaubt, alle Männer sind schlecht.
   Meine Freundin glaubt, _daß alle Männer schlecht sind._
   Ebenso:
b) Ich habe gehört, Inge hat einen neuen Freund.
c) Peter hofft, seine Freundin will bald heiraten.
d) Du hast mich nicht zu deinem Geburtstag eingeladen. Darüber habe ich mich geärgert.
e) Helga hat erzählt, sie hat eine neue Wohnung gefunden.
f) Ich bin überzeugt, es ist besser, wenn man jung heiratet.
g) Frank hat gesagt, er will heute abend eine Kollegin besuchen.
h) Ich meine, man soll viel mit seinen Kindern spielen.
i) Wir wissen, Peters Eltern haben oft Streit.

4. Was ist Ihre Meinung?

a) Geld macht nicht glücklich.   Ich bin überzeugt, daß . . .
b) Es gibt sehr viele schlechte Ehen.   Ich glaube (auch), . . .
c) Ohne Kinder ist man freier.   Ich finde (aber), . . .
d) Die meisten Männer heiraten nicht gern.   Ich meine, . . .
e) Die Liebe ist das Wichtigste im Leben.   Ich denke, . . .
f) Reiche Männer sind immer interessant.
g) Schöne Frauen sind meistens dumm.
h) Frauen mögen harte Männer.
i) Man muß nicht heiraten, wenn man Kinder will.

   Ich bin auch überzeugt, daß Geld nicht glücklich macht.
   Ich glaube, daß Geld doch glücklich macht.
   Ich meine, daß Geld manchmal doch glücklich macht.
   Ich denke, daß man ohne Geld auch nicht glücklich ist.
   . . .

5. Was findet man gewöhnlich bei anderen Menschen positiv oder negativ?
   Ordnen Sie die Wörter (−/+). Schreiben Sie dann das Gegenteil dazu.

| a) attraktiv | c) langweilig | e) sympathisch | g) pünktlich | i) zufrieden |
| b) nett | d) höflich | f) freundlich | h) dumm | j) nervös |

	−	+		−	+
a) _____	_____	f) _____	_____
b) _____	_____	g) _____	_____
c) _____	_____	h) _____	_____
d) _____	_____	i) _____	_____
e) _____	_____	j) _____	_____

»So ist es jeden Abend«

Im Sommer ist es schön, weil wir dann abends in den Garten gehen. Dann grillen wir immer, und mein Vater macht ganz tolle Salate und Saucen.

Nicola, 9 Jahre

Bei uns möchte jeder abends etwas anderes. Ich möchte mit meinen Eltern spielen, meine Mutter möchte sich mit meinem Vater unterhalten, und mein Vater will die Nachrichten sehen. Deshalb gibt es immer Streit.

Holger, 11 Jahre

Bei uns ist es abends immer sehr gemütlich. Meine Mutter macht ein schönes Abendessen, und mein Vater und ich gehen mit dem Hund spazieren. Nach dem Essen darf ich noch eine halbe Stunde aufbleiben.

Petra, 9 Jahre

Meine Mutter möchte abends manchmal weggehen, ins Kino oder so, aber mein Vater ist immer müde. Oft weint meine Mutter dann, und mein Vater sagt: »Habe ich bei der Arbeit nicht genug Ärger?«

Frank, 10 Jahre

Bei uns gibt es abends immer Streit. Mein Vater kontrolliert meine Hausaufgaben und regt sich über meine Fehler auf. Meine Mutter schimpft über die Unordnung im Kinderzimmer. Dann gibt es Streit über das Fernsehprogramm. Mein Vater will Politik sehen und meine Mutter einen Spielfilm. So ist das jeden Abend.

Heike, 11 Jahre

Mein Vater will abends immer nur seine Ruhe haben. Wenn wir im Kinderzimmer zu laut sind, sagt er immer: »Entweder seid ihr still oder ihr geht gleich ins Bett!«

Susi, 8 Jahre

Ich möchte abends gern mit meinen Eltern spielen. Mutter sagt dann immer: »Ich muß noch aufräumen« oder »Ich fühle mich nicht wohl«. Und Vater will fernsehen.

Sven-Oliver, 8 Jahre

Wenn mein Vater abends um sieben Uhr nach Hause kommt, ist er ganz kaputt. Nach dem Essen holt er sich eine Flasche Bier aus dem Kühlschrank und setzt sich vor den Fernseher. Meine Mutter sagt dann immer: »Warum habe ich dich eigentlich geheiratet?«

Brigitte, 10 Jahre

1. Familienabend

Welche Sätze passen zu welchem Kind (P. 100)? Welche passen nicht?

Der Vater will jeden Abend fernsehen.
Eltern und Großeltern haben Streit.
Abends kommt oft Besuch.
Die Kinder sind abends alleine, weil
die Eltern weggehen.
Die Kinder dürfen abends ihre Freunde
einladen.
Der Vater muß abends lange arbeiten.

Es gibt Streit über das Fernsehen.
Der Abend ist immer sehr gemütlich.
Dem Vater schmeckt das Essen nicht.
Die Kinder müssen entweder ruhig sein, oder
sie müssen ins Bett.
Der Vater bringt Ärger von der Arbeit
nach Hause mit.
Die Eltern hören den Kindern nicht zu,
wenn sie Probleme haben.

2. Was machen die Familien in Ihrem Land abends? Gibt es ähnliche Probleme?

Ich weiß nicht. Jede Familie ist verschieden.

Viele Probleme sind ähnlich.

Bei uns ist abends immer die ganze
Familie zusammen: Großeltern, Tante ...

Die Familie ißt abends sehr lange.

. . .

Der Vater kommt oft sehr spät
nach Hause.

1. Der Ton macht die Musik.

A. Hören Sie die beiden Dialoge a) und b).

B. Wie finden Sie den ‚Ton' von Vater und Sohn im ersten und im zweiten Dialog?

a) ○ Es ist acht Uhr. Bitte geh' ins Bett.
　□ Ich bin aber noch nicht müde.
　○ Du kannst ja im Bett noch lesen.
　□ Also gut. Gute Nacht.

b) ○ Geh' endlich ins Bett!
　□ Ich will aber nicht!
　○ Kein Wort mehr!
　□ Ich gehe ja schon.

B3

Mit 30 hatte sie schon sechs Kinder.

Maria lebt in einem Altersheim. Trotzdem ist sie nicht allein, eine Tochter oder ein Enkelkind ist immer da, ißt mit ihr und bleibt, bis sie im Bett liegt. Maria ist sehr zufrieden – viele alte Leute bekommen nur sehr selten Besuch. Marias Jugendzeit war sehr hart. Eigentlich hatte sie nie richtige Eltern. Als

Maria, 94 Jahre alt, Ururgroßmutter

sie zwei Jahre alt war, starb ihr Vater. Ihre Mutter vergaß ihren Mann nie und dachte mehr an ihn als an ihre Tochter. Maria war deshalb sehr oft allein, aber das konnte sie mit zwei Jahren natürlich noch nicht verstehen. Ihre Mutter starb, als sie 14 Jahre alt war. Maria lebte dann bei ihrem Großvater. Mit 17 Jahren heiratete sie, das war damals normal. Ihr erstes Kind, Adele, bekam sie, als sie 19 war. Mit 30 hatte sie schließlich sechs Kinder.

Sie wurde nur vom Kindermädchen erzogen.

Adele lebte als Kind in einem gutbürgerlichen Elternhaus. Wirtschaftliche Sorgen kannte die Familie nicht. Nicht die Eltern, sondern ein Kindermädchen erzog die Kinder. Sie hatten auch einen Privatlehrer. Mit ihren Eltern konnte sich Adele nie richtig unterhalten, sie waren ihr immer etwas

Adele, 75 Jahre alt, Urgroßmutter

fremd. Was sie sagten, mußten die Kinder unbedingt tun. Wenn zum Beispiel die Mutter nachmittags schlief, durften die Kinder nicht laut sein und spielen. Manchmal gab es auch Ohrfeigen. Als sie 15 Jahre alt war, kam Adele in eine Mädchenschule. Dort blieb sie bis zur mittleren Reife. Dann lernte sie Kinderschwester. Aber eigentlich fand sie es nicht so wichtig, einen Beruf zu lernen, denn sie wollte auf jeden Fall lieber heiraten und eine Familie haben. Auf Kinder freute sie sich besonders. Die wollte sie dann aber freier erziehen, als sie selbst erzogen worden war; denn an ihre eigene Kindheit dachte sie schon damals nicht so gern zurück.

Fünf Gen

auf de

So ein Foto gibt es nur noch selten: fünf Generationen auf einem Sofa. Zusammen sind sie 248 Jahre alt: von links Sandra (6), Sandras Großmutter Ingeborg (50), Sandras Urgroßmutter Adele (75), Sandras Ururgroß-

rationen

Sofa

mutter Maria (94) und Sandras Mutter Ulrike (23). Zwischen der Ururgroßmutter und der Ururenkelin liegen 88 Jahre. In dieser langen Zeit ist vieles anders geworden, auch die Familie und die Erziehung.

Ingeborg, 50 Jahre, Großmutter

Das Wort der Eltern war Gesetz. Ingeborg hatte ein wärmeres und freundlicheres Elternhaus als ihre Mutter Adele. Auch in den Kriegsjahren fühlte sich Ingeborg bei ihren Eltern sehr sicher. Aber trotzdem, auch für sie war das Wort der Eltern Gesetz. Wenn zum Beispiel Besuch im Haus war, dann mußten die Kinder gewöhnlich in ihrem Zimmer bleiben und ganz ruhig sein. Am Tisch durften sie nur dann sprechen, wenn man sie etwas fragte. Die Eltern haben Ingeborg immer den Weg gezeigt. Selbst hat sie nie Wünsche gehabt. Auch in ihrer Ehe war das so. Heute kritisiert sie das. Deshalb versucht sie jetzt, mit 50 Jahren, selbständiger zu sein und mehr an sich selbst zu denken. Aber weil Ingeborg das früher nicht gelernt hat, ist das für sie natürlich nicht leicht.

Ulrike, 23 Jahre alt, Mutter

Der erste Rebell in der Familie. Ulrike wollte schon früh anders leben als ihre Eltern. Für sie war es nicht mehr normal, immer nur das zu tun, was die Eltern sagten. Noch während der Schulzeit zog sie deshalb zu Hause aus. Ihre Eltern konnten das am Anfang nur schwer verstehen. Mit 17 Jahren bekam sie ein Kind. Das fanden alle viel zu früh. Den Mann wollte sie nicht heiraten. Trotzdem blieb sie mit dem Kind nicht allein. Ihre Mutter, aber auch ihre Großmutter halfen ihr. Beide konnten Ulrike sehr gut verstehen. Denn auch sie wollten in ihrer Jugend eigentlich anders leben als ihre Eltern, konnten es aber nicht.

Sie findet Verwandte langweilig. Sandra wird viel freier erzogen als Maria, Adele, Ingeborg und auch Ulrike. Bei unserem Besuch in der Familie sahen wir das deutlich. Sie mußte nicht ruhig sein, wenn wir uns unterhielten; und als sie sich langweilte und uns störte, lachten die Erwachsenen, und sie durfte im Zimmer bleiben. Früher wäre das unmöglich gewesen.

1. Maria, Adele, Ingeborg, Ulrike, Sandra

Die fünf Frauen lebten in verschiedenen Zeiten; ihre Erziehung und Jugendzeit waren deshalb auch verschieden. Was meinen Sie, welche Sätze passen wohl zur Jugendzeit von Maria, Adele, Ingeborg, Ulrike und Sandra? Diskutieren Sie die Antworten.

a) Die Kinder machen, was die Eltern sagen.
b) Die Kinder sollen selbständig und kritisch sein.
c) Die Kinder wollen anders leben als ihre Eltern.
d) Die Familien haben viele Kinder.
e) Eltern und Kinder sind Partner.
f) Frauen müssen verheiratet sein, wenn sie ein Kind wollen.
g) Die Wünsche der Kinder sind unwichtig.
h) Der Vater arbeitet, und die Mutter ist zu Hause.
i) Man hat gewöhnlich nur ein oder zwei Kinder.
j) Frauen heiraten sehr jung.
k) Frauen wollen lieber heiraten als einen Beruf haben.

2. Damals und heute: Großvater und Enkel

P. 159, 3a
P. 160, 3b

A. So lebte Heinrich Droste damals.

Heinrich Droste
Tischlermeister
geb. 2. 11. 1884
gest. 30. 3. 1938
(Großvater von
Detlev Droste)

Heinrich Droste war selbständiger Handwerker. Er lebte in einem Dorf in Westfalen. Heinrich Droste wohnte in seinem eigenen Haus. Das war klein, aber es gehörte ihm. Seine Kunden kannte er persönlich. Er arbeitete allein. Er stand jeden Morgen um fünf Uhr auf. In die Werkstatt ging er um sechs Uhr, und um sieben kam er nach Hause. Seine Frau ging nicht arbeiten. Die Kinder erzog sie fast allein. Der älteste Sohn durfte nur die Hauptschule (damals hieß sie noch Volksschule) besuchen. Er wurde auch Tischler.

Heute
(Präsens)

Er ist ...
Er wohnt ...
Er geht ...

Früher
(Präteritum)

Er war ...
Er wohnte ...
Er ging ...

Heinrich Droste bekam keinen Urlaub und keine Sozialleistungen. Er verdiente höchstens 450 Mark im Monat, in schlechten Zeiten weniger.

B. Wie lebt sein Enkel Detlev heute? Erzählen Sie.

Detlev Droste
Exportkaufmann
geb. 23. 4. 1949

Angestellter in einem großen Betrieb
Stadt im Ruhrgebiet, große Mietwohnung
kein direkter Kundenkontakt
mit zwei Kollegen im Büro
Arbeitszeit von 8.30 bis 16.00 Uhr
Frau Verkäuferin
Kinder oft bei Großeltern
Tochter Gymnasium
30 Tage Urlaub, Monatslohn 2.800,– DM

3. Jeder hat vier Urgroßväter

a) Der Vater der Mutter meiner Mutter ist mein Urgroßvater.
Der Vater der Mutter meines Vaters ist mein Urgroßvater.
Der Vater des Vaters meines Vaters ist mein Urgroßvater.
Der Vater des Vaters meiner Mutter ist mein Urgroßvater.

b) Und die Urgroßmütter?
Die Mutter der . . .
Die Mutter des . . .
. . .

 P. 160, 4a

4. Machen Sie ein Fragespiel im Kurs.

P. 160, 4a + 5

> Der Mann der Schwester meiner Mutter:
> Wer ist das?

> Das ist dein Onkel.

> Die Frau des Vaters meiner...
> Die Tochter der...

> Das ist...

Onkel – Tante	Neffe – Nichte	Enkel – Enkelin
Cousin – Cousine	Sohn – Tochter	Bruder – Schwester

Schwager – Schwägerin

5. Wie war die Jugend und die Erziehung Ihrer Eltern?
Antworten Sie für Ihre Eltern.

Genitiv
der Onkel des Vaters/der Mutter/
           des Kindes/der Kinder

Sie können folgende Wörter und Sätze verwenden:

 P. 159, 3a
P. 160, 3b

Ich	mußte durfte sollte konnte	selten nie oft manchmal meistens jeden Tag immer gewöhnlich regelmäßig	. . .	Ich habe	immer oft nie selten . . .	Lust / Zeit / Angst gehabt versucht vergessen	. . . zu . . .
				Mein Vater / Bruder Meine Mutter / Schwester	war hat	nie oft . . .	. . .

Ich habe mich		immer	über	. . .	geärgert.
Meine Eltern haben	sich	selten	für		gefreut.
Mein Vater hat		oft			interessiert.
Meine Mutter hat		. . .			aufgeregt.
					. . .

aufpassen auf, anziehen, aufstehen, einkaufen, essen, schlafen gehen, fragen, lügen, stören, bleiben, tragen, sich unterhalten, verbieten, bleiben, kritisieren, singen, arbeiten, aufräumen, ausgeben, bekommen, mitgehen, putzen, studieren, rauchen, spielen, tanzen, helfen, kochen, spazierengehen, Sport treiben machen, fernsehen, schwimmen, weggehen, telefonieren, mitkommen

6. **Im Gespräch verwendet man im Deutschen meistens das Perfekt und nicht das Präteritum (Imperfect/Simple Past). ,Erzählen' Sie deshalb in dieser Übung von Adele, Ingeborg und Ulrike im Perfekt. Verwenden Sie das Präteritum nur für die Verben ,sein', ,haben', ,dürfen', ,sollen', ,müssen', ,wollen' und ,können'.**

a) Maria:

Marias Jugendzeit war sehr hart. Eigentlich hatte sie nie richtige Eltern. Als sie zwei Jahre alt war, ist ihr Vater gestorben. Ihre Mutter hat ihren Mann nie vergessen und hat mehr an ihn...

b) Adele:

Adele hat als Kind...

c) Ingeborg:

d) Ulrike:

7. Ergänzen Sie.

A.

Nominativ	der zweite Mann	die neue Freundin	das jüngste Kind	die neuen Freunde
Genitiv	die Mutter meines *zweiten Mannes*	die Schwester mein	der Freund mein	die Kinder mein

Nominativ	der alte Wagen	die neue Werkstatt	das kleine Kind	die schwarzen Schuhe
Genitiv	der Verkauf d	der Chef d	die Mutter d	die Reparatur d

B. Sagen Sie es anders.

a) Mein ältester Bruder hat ein neues Auto. Es ist schon kaputt.
   Das neue Auto meines ältesten Bruders ist schon kaputt.
   Ebenso:
b) Mein zweiter Mann hat eine sehr nette Mutter.
c) Meine neue Freundin hat eine Schwester. Die hat geheiratet.
d) Mein jüngstes Kind hat einen Freund. Leider ist er sehr laut.
e) Meine neuen Freunde haben vier Kinder. Sie gehen schon zur Schule.
f) Ich habe den alten Wagen verkauft, aber der Verkauf war sehr schwierig.
g) Das kleine Kind hat keine Mutter mehr. Sie ist vor zwei Jahren gestorben.
h) In der Hauptstraße ist eine neue Autowerkstatt. Der Chef ist mein Freund.
i) Die schwarzen Schuhe waren kaputt. Die Reparatur hat sehr lange gedauert.

8. Sagen Sie es anders.

a) Meine Eltern haben in Paris geheiratet. Da waren sie noch sehr jung.
   Als meine Eltern in Paris geheiratet haben, waren sie noch sehr jung.
   Ebenso:

b) Ich war sieben Jahre alt, da hat mir mein Vater einen Hund geschenkt.

c) Vor fünf Jahren hat meine Schwester ein Kind bekommen. Da waren wir sehr glücklich.

d) Sandra hat die Erwachsenen gestört. Trotzdem durfte sie im Zimmer bleiben.

e) Früher hatten seine Eltern oft Streit. Da war er noch ein Kind.

f) Früher war es abends nicht so langweilig. Da haben meine Großeltern noch gelebt.

g) Wir waren im Sommer in Spanien. Das Wetter war sehr schön.

9. Ein Vater erzählt von seinem Sohn. Was sagt er?

| schwimmen lernen   vom Fahrrad fallen   ~~laufen lernen~~   sich ein Fahrrad wünschen   sich sehr für Politik interessieren   immer nur Unsinn machen   Briefmarken sammeln   heiraten   jeden Tag drei Stunden telefonieren   sich nicht gerne waschen   viel lesen |

Als er ein Jahr alt war, hat er laufen gelernt.
Als er drei Jahre alt war, ...
...

10. Was können Sie auch sagen?

a) *Als Kind hatte ich nie Lust, früh schlafen zu gehen.*
   Ⓐ Als Kind hatte ich nie Zeit, früh schlafen zu gehen.
   Ⓑ Als Kind wollte ich nie früh schlafen gehen.
   Ⓒ Als Kind sollte ich immer früh schlafen gehen.

b) *Mein Vater hat mir immer verboten zu tanzen.*
   Ⓐ Mein Vater hat sich immer geärgert, wenn ich tanzen wollte.
   Ⓑ Mein Vater hat immer Angst gehabt, wenn ich tanzen wollte.
   Ⓒ Ich durfte nie tanzen. Mein Vater war dagegen.

c) *Ich habe oft vergessen, mein Zimmer aufzuräumen.*
   Ⓐ Ich habe selten geholfen, mein Zimmer aufzuräumen.
   Ⓑ Ich habe mich immer geärgert, daß ich mein Zimmer aufräumen mußte.
   Ⓒ Ich habe oft nicht daran gedacht, mein Zimmer aufzuräumen.

d) *Ich freue mich, wenn man mir in der Küche hilft.*
   Ⓐ Ich bin froh, wenn man mir in der Küche hilft.
   Ⓑ Ich vergesse nie, wenn man mir in der Küche hilft.
   Ⓒ Ich ärgere mich, wenn man mir in der Küche nicht hilft.

FAMILIENALBUM

Von Erich Rauschenbach

1. Beschreiben Sie die Bilder.

Wo können diese Landschaften vielleicht sein? Wie ist das Klima dort?
Benutzen Sie die folgenden Wörter:

Grad °C

40 heiß

30

20 warm

10

0 kühl

− 5

−10

−15 kalt

Regen
es regnet

Sonne
die Sonne
scheint

Nebel

Baum

Pflanze

Wind

Schnee
es schneit

trocken
feucht
naß

Boden

Eis

2. Welche Sätze passen zu welchen Bildern?

a) In Sibirien ist es extrem kalt.

P. 161, 1 + 2

b) Für Menschen ist es sehr ungesund, aber ideal für viele Tiere und Pflanzen.

c) Es gibt plötzlich sehr starke Winde und gleichzeitig viel Regen.

d) Die Temperaturunterschiede zwischen Sommer und Winter sind nicht sehr groß.

e) In der Wüste ist es sehr heiß und trocken.

f) Der Golf von Biskaya ist ganz selten ruhig und freundlich.

g) Nur im Sommer ist der Boden für wenige Wochen ohne Eis und Schnee.

h) Bekannt ist wohl der Londoner Nebel. Den gibt es aber seit einigen Jahren immer weniger.

i) Das Klima ist extrem: In 24 Stunden kann es Temperaturunterschiede bis zu 50 Grad geben (nachts ist es kalt, am Tage heiß).

j) Typisch ist der starke Regen jeden Tag gegen Mittag.

k) In den langen Wintern zeigt das Thermometer manchmal bis zu 60 Grad minus.

l) England hat ein ziemlich feuchtes und kühles Klima mit viel Regen und wenig Sonne.

m) Deshalb gibt es dort nur wenig Leben, selten Bäume und nur ein paar Pflanzen und Tiere.

n) Das Meer ist hier auch heute noch gefährlich für Schiffe.

o) Nur sehr selten regnet es für kurze Zeit.

p) Das Klima im Regenwald ist besonders heiß und feucht.

q) Bäume werden bis zu 60 Meter hoch.

> Es gibt Wind/Nebel/ein Gewitter/ ...
> Es ist kalt/heiß/ ...
> Es schneit/regnet.

3. Ordnen Sie die Sätze zu 5 Texten, so daß jeder zu einem Bild paßt.

1. Wie ist das Wetter?

A. Hören Sie die Dialoge.

B. Welches Wetter ist gerade in Dialog A, B, C, D und E?

Nebel ☐ Regen ☐ Gewitter ☐ kalt ☐ sehr heiß ☐

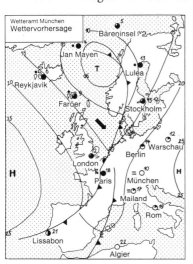

Zeichenerklärung:	
○	wolkenlos
◖	fast wolkenlos
◑	wolkig
◕	fast bedeckt
●	bedeckt
●	Regen
▽	Regenschauer
≡	Nebel
✳	Schnee
◻	Gewitter
▲	Kaltfront
H	Hochdruckgebiet
T	Tiefdruckgebiet
⇨	warme Luftströmung
➡	kalte Luftströmung
	Temperaturen in Grad C.
	Luftdruck in Hpa

Wetterlage: Das Tief über Großbritannien zieht allmählich nach Osten und bringt kühle Meeresluft und Regen in den Norden Deutschlands. Das Hoch über den Alpen bestimmt weiter das Wetter in Süddeutschland.

Vorhersage für Sonntag, den 10. Juni:
Norddeutschland: Morgens noch trocken, gegen Mittag wolkig und ab Nachmittag Regen. Den ganzen Tag starker Wind aus Nord-West. Tageshöchsttemperaturen zwischen 14 und 18 Grad, Tiefsttemperaturen nachts um 10 Grad.

Süddeutschland: In den frühen Morgenstunden Nebel, sonst trocken und sonnig. Tagestemperaturen zwischen 20 und 24 Grad, nachts um 12 Grad. Am späten Nachmittag und am Abend Gewitter, schwacher Wind aus Süd-West.

2. Wie wird das Wetter?

Familie Wertz wohnt in Norddeutschland, in Husum an der Nordsee.

Familie Bauer wohnt in Süddeutschland, in Konstanz am Bodensee.

Beide Familien überlegen, was sie am Sonntag machen können:

morgens einen Ausflug mit dem Fahrrad machen	nachmittags im Garten arbeiten
morgens segeln	nachmittags baden gehen
mittags im Garten Tischtennis spielen	abends eine Gartenparty machen
mittags das Auto waschen	abends einen Spaziergang machen
nachmittags im Garten mit den Kindern spielen	

Die Familien lesen den Wetterbericht. Was können sie machen? Was nicht? Warum?

3. Haben Sie heute einen Wetterbericht gehört oder gelesen?

Wie soll das Wetter morgen werden?

4. Wetterbericht

A. Hören Sie die Wetterberichte und beantworten Sie dann die Fragen.

B. Der erste Wetterbericht ist für Süddeutschland. Wie ist das Wetter dort?

Regen? Schnee? Wolkig? Nebel? Wind? Wie stark? Temperatur am Tag? Nachts?

C. Der zweite Wetterbericht ist ein Reisewetterbericht für verschiedene Länder.
Wie ist das Wetter in den Ländern?

	Regen	sonnig	wolkig	Gewitter	trocken	°C
Österreich						
Griechenland und Türkei						
Norwegen, Schweden, Finnland						

5. Erzählen Sie.

Wie gefällt Ihnen das Klima an Ihrem Wohnort? Macht Sie das Klima/Wetter manchmal krank? Was tun Sie dann? Welches Klima/Wetter mögen Sie am liebsten? Warum?

○ Was meinst du, wollen wir nachher einen Spaziergang machen?

□ Was? Bei diesem Regen? Da möchte ich lieber fernsehen.

○ Der Wetterbericht sagt aber, es hört nachher auf zu regnen.

□ Was der Wetterbericht schon sagt . . .! Sieh doch bloß mal aus dem Fenster!

○ Und wenn wir unsere Schirme mitnehmen?

□

Trotzdem. Mir ist es zu naß. Ich bleibe hier.

○ Wie du willst. Dann gehe ich eben allein.

Na gut. Aber wenn es nicht aufhört, gehen wir wieder zurück.

○ In Ordnung. Das verspreche ich dir.

Was meinst du, wollen wir	jetzt	an den Strand	gehen?
	nachher	Schwimmen	
	heute abend	. . .	
		das Auto waschen?	
		grillen?	
		. . .	

Was?	Bei diesem	Wetter?
Wie?		Nebel?
		Wind?
		. . .
Da möchte ich	lieber	lesen.
Ich möchte		im Bett	bleiben.
		zu Hause	

Das Radio	sagt	aber,
Die Nachbarin		
In der Zeitung heißt es		
es soll nachher	aufhören zu . . .	
	besser	werden.
	wärmer	
	frischer	

Was	das Radio	schon sagt!
	die Nachbarin	
	. . .	
Sieh doch bloß mal	aus dem Fenster!
	nach draußen!
Egal. Mir ist es zu	heiß.
	kalt.
	kühl.
	. . .

Und wenn wir	einen Mantel	anziehen?
Wir können ja	einen Pullover	mitnehmen.
Du kannst ja	. . .	einpacken.

Ich	bleibe lieber hier.
	lese lieber.
	komme nicht mit.
	. . .

1. Ergänzen Sie.

Wetter/Wie?

naß

2. Was paßt? Ergänzen Sie.

a) Schnee: kalt

b) Nebel: _____, _____

c) Sonne: _____, _____, _____

d) Regen: _____, _____

e) Eis: _____

f) Wind: _____, _____, _____

3. Ordnen Sie.

Landschaft/Natur	Wetter

Tiere Gewitter Blume Wolke Boden Nebel Wasser
Regen Wind Schnee Sonne Meer
Pflanze Berg See Fluß
Grad Klima Strand Eis Park Baum

4. Ergänzen Sie.

No

5. Ergänzen Sie.

a) Juni, Juli, August =

_____

b) September, Oktober, November =

_____

c) Dezember, Januar, Februar =

_____

d) März, April, Mai =

_____

6. Ergänzen Sie.

spät am Abend   früh am Morgen   am Nachmittag   am Mittag   in zwei Tagen
vor zwei Tagen

a) vorgestern – _____

b) spät abends – _____

c) mittags – _____

d) übermorgen – _____

e) früh morgens – _____

f) nachmittags – _____

7. Was paßt?

am frühen Nachmittag	am späten Nachmittag	früh morgens	gegen Mittag
früh abends	am frühen Vormittag	spät abends	gegen Abend

a) 11.42 Uhr – *gegen Mittag*

b) 18.30 Uhr – _____

c) 23.10 Uhr – _____

d) 13.34 Uhr – _____

e) 17.05 Uhr – _____

f) 6.28 Uhr – _____

g) 8.15 Uhr – _____

h) 18.05 Uhr – _____

8. Ergänzen Sie.

Heute ist Sonntag. Dann ist (war)

a) gestern mittag: *Samstag mittag*

b) vorgestern mittag: _____

c) übermorgen abend: _____

d) morgen abend: _____

e) morgen nachmittag: _____

f) gestern morgen: _____

9. Die Pronomen ‚er', ‚sie' und ‚es' bedeuten in einem Text gewöhnlich ganz bestimmte Sachen, zum Beispiel ‚der Film' = ‚er', ‚die Rechnung' = ‚sie' oder ‚das Hotel' = ‚es'. Das Pronomen ‚es' kann aber auch eine allgemeine Sache bedeuten, zum Beispiel ‚Es ist sehr kalt hier.' oder ‚Es schmeckt sehr gut.' Ergänzen Sie in den folgenden Sätzen die Pronomen ‚er', ‚sie' und ‚es' oder das allgemeine Pronomen ‚es'.

a) Wie hast du die Suppe gemacht? *Sie* schmeckt ausgezeichnet.

b) Dein Mann kocht wirklich sehr gut. *Es* schmeckt phantastisch.

c) Seit drei Tagen nehme ich Tabletten. Trotzdem tut _____ noch sehr weh.

d) Ich kann seit drei Tagen mit dem rechten Arm nicht arbeiten. _____ tut sehr weh.

e) Ich habe die Rechnung geprüft. _____ stimmt ganz genau.

f) Du kannst mir glauben, _____ stimmt ganz genau.

g) Sie brauchen keinen Schlüssel. _____ ist immer auf.

h) Es gibt keinen Schlüssel für diese Tür. _____ ist immer auf.

i) Morgen kann ich kommen. _____ paßt mir sehr gut.

j) Dieser Termin ist sehr günstig. _____ paßt mir sehr gut.

k) Der Spiegel war nicht teuer. _____ hat nur 14,– DM gekostet.

l) Ich habe nicht viel bezahlt. _____ hat nur 14,– DM gekostet.

m) Können Sie bitte warten? _____ dauert nur noch 10 Minuten.

n) Der Film ist gleich zu Ende. _____ dauert nur noch 10 Minuten.

10. Sagen Sie es anders. Verwenden Sie die folgenden Wörter:

es gibt	es schneit	es geht	es regnet	es klappt

a) Man kann heute nicht segeln. Der Regen ist zu stark.

   Man kann heute nicht segeln. Es regnet zu stark.

   Ebenso:

b) Das feuchte Wetter macht ihn krank. Er fühlt sich nicht gut.

c) Petra kann ihre Schwester heute nicht besuchen, weil sie länger arbeiten muß. Vielleicht kann sie morgen.

d) Wir können am Wochenende Ski fahren. In den Alpen liegt genug Schnee.

e) Der Regen hat aufgehört. Wir können jetzt schwimmen gehen.

f) Morgen nachmittag kann ich leider nicht, da muß ich in die Schule gehen.

g) Können Sie bis morgen fertig sein? Ich brauche den Wagen unbedingt.

h) Meine Freundin kommt aus Bombay. Dort kennt man keinen Schnee.

11. Schreiben Sie.

a) Andrew Stevens aus England
   – schreibt an seinen Freund John
   – arbeitet seit 6 Monaten in München
   – Wetter: Föhn oft schlimm
   – Kopfschmerzen bekommen
   – nicht in die Firma gehen können
   – sich auf England freuen

Schreiben Sie auch zwei Karten.

Verwenden Sie die Wörter ‚hier‘, ‚so . . . daß‘, ‚dann‘ und ‚deshalb‘.

> Lieber John,
> ich bin jetzt seit sechs Monaten in München. Hier ist der Föhn oft so schlimm, daß ich starke Kopfschmerzen bekomme. Dann kann ich nicht in die Firma gehen. Deshalb freue ich mich, wenn ich wieder zu Hause in England bin.
>
> Viele Grüße
> Dein Andrew

b) Herminda Victoria aus Mexiko
   – schreibt an ihre Mutter
   – studiert seit 8 Wochen in Bielefeld
   – Wetter: kalt und feucht
   – ist oft stark erkältet
   – muß viele Medikamente nehmen
   – fährt in den Semesterferien zwei Monate nach Spanien

c) Benno Harms aus Gelsenkirchen
   – schreibt an seinen Freund Kurt
   – ist Lehrer an einer Technikerschule in Bombay
   – Klima: feucht und heiß
   – bekommt oft Fieber
   – kann oft nichts essen und nicht arbeiten
   – möchte wieder zu Hause arbeiten

12. Was können Sie auch sagen?

a) *Ich muß heute mit meiner Tochter einen Schneemann machen. Das habe ich ihr versprochen.*
   - Ⓐ Ich spreche heute mit ihr über den Schneemann.
   - Ⓑ Ich habe ihr gesagt, daß wir heute ganz bestimmt einen Schneemann machen.
   - Ⓒ Ich mache heute mit ihr vielleicht einen Schneemann.

b) *So spät abends gibt es keinen Wetterbericht mehr.*
   - Ⓐ Den Wetterbericht gibt es abends immer sehr spät.
   - Ⓑ Wenn es schon sehr spät abends ist, gibt es keinen Wetterbericht mehr.
   - Ⓒ Es ist noch früh. Der Wetterbericht kommt erst spät abends.

c) *Der Regen hört allmählich auf.*
   Ⓐ Ich kann den Regen schon hören.
   Ⓑ Es regnet nicht mehr.
   Ⓒ Der Regen hört langsam auf.

d) *Wir haben hier ein ziemlich trockenes Klima.*
   Ⓐ Hier ist es nicht oft trocken.
   Ⓑ Hier regnet es sehr wenig.
   Ⓒ Wir kennen keinen Regen.

e) *Ich war heute noch nicht draußen.*
   Ⓐ Ich war heute noch nicht vor der Tür.
   Ⓑ Ich bin heute noch nicht gelaufen.
   Ⓒ Ich muß zu Hause bleiben.

f) *Du kannst die Hose nicht anziehen. Sie ist noch feucht.*
   Ⓐ Die Hose ist noch nicht ganz trocken.
   Ⓑ Die Hose ist naß.
   Ⓒ Die Hose ist ziemlich kühl.

13. Schreiben Sie einen Dialog.

Weil wir doch morgen meine Eltern besuchen.

Da muß das Auto doch sauber sein.

Meinetwegen, wenn du unbedingt eine Erkältung bekommen willst.

Das glaube ich nicht.

Trotzdem, ich wasche jetzt das Auto.

Was willst du denn jetzt machen?

Der Regen macht mir nichts.

Warum das denn?

Dann wasch es lieber später. Es regnet gleich.

Das Auto waschen.

Doch, schau doch mal die schwarzen Wolken an.

○ Was willst du denn jetzt machen? _____
□ _____
○ _____
□ _____
○ _____
□ _____
○ _____
□ _____
○ _____

Deutsche Zentrale für Fremdenverkehr

Kennen Sie die Bundesrepublik Deutschland?

Wenn Sie an die Bundesrepublik denken, denken Sie dann auch zuerst an Industrie, Handel und Wirtschaft? Ja? Dann kennen Sie unser Land noch nicht richtig.

Die Bundesrepublik hat sehr verschiedene Landschaften: Flaches Land im Norden mit herrlichen Stränden an Nordsee und Ostsee, Mittelgebirge mit viel Wald im Westen und im Süden und hohe Berge in den Alpen. Auch das überrascht Sie vielleicht: rund 30 % der Bodenfläche in der Bundesrepublik sind Wald!

Obwohl unser Land nicht sehr groß ist – von Norden nach Süden sind es nur 850 km und von Osten nach Westen nur gut 600 km – ist das Klima nicht überall gleich.

Der Winter ist im Norden wärmer als im Süden, deshalb gibt es dort im Winter auch weniger Schnee. Anders ist es im Sommer. Da ist im Süden meist besseres Wetter als im Norden; es regnet weniger, und die Sonne scheint öfter. Wenn Sie mehr über die Landschaften in der Bundesrepublik wissen wollen, machen Sie mit bei unserem Quiz. Sie können eine Reise in die Bundesrepublik gewinnen.

1. Welche Gegend oder Landschaft ist in Ihrem Land besonders schön?

Wie ist die Landschaft dort?
Wie ist das Klima dort (im Frühling, Sommer, Herbst, Winter)?

Wie sind die Menschen dort?
Was ist dort besonders interessant?

Wie würden Sie einem Deutschen Ihr Land beschreiben? Erzählen Sie oder schreiben Sie einen kleinen Text.

Ich komme aus .... Das liegt in .... Die Nachbarländer sind .... Es gibt bei uns sehr viel Industrie/Landwirtschaft .... Wir haben viel/wenig Wald/Gebirge/... Das Klima ist im Sommer/im Winter/ ....

Beantworten Sie die Fragen. Schicken Sie die Antwort an:
Deutsche Zentrale für Fremdenverkehr
Postfach 600
D-6000 Frankfurt/Main

EINSENDE-
24. JUNI 1984
SCHLUSS

1. Wie heißt die Landschaft, die zwischen Elbe und Aller liegt? _____

2. Wie heißt der Wald, der zwischen Main und Neckar liegt? _____

3. Wie heißen die sieben Inseln, die in der Nordsee liegen? _____

4. Wie heißt der Wald, aus dem die Donau und der Neckar kommen? _____

5. Wie heißt das Mittelgebirge, das zwischen Hannover und Magdeburg liegt? _____

6. Wie heißt das Mittelgebirge, durch das die Weser fließt? _____

1. Preis:	14-Tage-Reise für zwei Personen in den Schwarzwald
2. Preis:	7-Tage-Reise für zwei Personen in die Eifel
3. Preis:	Wochenendreise für zwei Personen nach Bremen
4.–10. Preis:	12 Flaschen deutscher Wein
11.–30. Preis:	1 Schallplatte mit deutschen Volksliedern
31.–50. Preis:	1 Landkarte für die Bundesrepublik Deutschland

2. Machen Sie jetzt selbst ein Quiz im Kurs.

P. 162, 3 + 4

Wie	heißt	der Wald/Fluß/Berg, das Mittelgebirge, die Landschaft, die Stadt/Insel, . . .	der die das	in den Alpen liegt und 2962 m hoch ist? aus Frankreich kommt? mitten in der Nordsee liegt? zwischen der belgischen Grenze und . . . liegt? . . .		
	heißen	die Mittelgebirge, die Inseln, . . .	durch in	den die das	der Main/der Rhein/. . . fließt?

3. Machen Sie das Quiz auch mit Landschaften, Gebirgen . . . in Ihrem Land.

4. Wo möchten die Leute wohnen/leben? Schreiben Sie.

a)

Ich möchte an einem See wohnen, . . .

. . . nicht sehr tief ist. (1)
. . . nur wenig Leute kennen. (2)
. . . man segeln kann. (3)
. . . man gut schwimmen kann. (4)

. . . Wasser warm ist. (5)
. . . viele Fische gibt. (6)
. . . es keine Hotels gibt. (7)
. . . es mittags immer Wind gibt. (8)

b)

Ich möchte auf einer Insel leben, . . .

. . . ganz allein im Meer liegt
. . . keinen Flughafen hat.
. . . nur wenig Menschen wohnen.
. . . es keine Industrie gibt.

. . . man nur mit einem Schiff kommen kann.
. . . Strand weiß und warm ist.
. . . es noch keinen Namen gibt.
. . . immer die Sonne scheint.

c)

Ich möchte in einem Land leben, . . .

. . . schöne Landschaften hat.
. . . das Klima trocken und warm ist.
. . . Sprache ich gut verstehe.
. . . die Luft noch sauber ist.

. . . man keinen Regenschirm braucht.
. . . sich alle Leute wohl fühlen.
. . . man immer interessant findet.
. . . Leute freundlich sind.

d)

Ich möchte in Städten wohnen, . . .

. . . viele Parks haben.
. . . Straßen nicht so groß sind.
. . . noch Straßenbahnen haben.
. . . ein großer Fluß fließt.

. . . viele Brücken haben.
. . . man nachts ohne Angst spazierengehen kann.
. . . sich die Touristen nicht interessieren.
. . . man sich frei fühlt.

an dem	auf dem	über der	deren	dessen	den	für die
durch die	zu der		in denen		in dem	
für das	auf der	denen	in denen	die	der	das

a) Ich möchte an einem See wohnen, der nicht sehr tief ist.
_____, den nur wenig Leute kennen.
_____, auf
_____
_____
_____
_____
_____

Ergänzen Sie die Sätze (1)–(8) aus a).

	Inversions-signal	Subjekt	Verb	Subjekt	unb. obl. Ergänzung	Angabe	obligator. Ergänzung	Verb
1		Ich	möchte				an einem See	wohnen
2								

5. Was paßt wo? Ordnen Sie.

> selten   nie   ~~im Winter~~   bald   nachts   ein paar Minuten   kurze Zeit   oft
> vorige Woche   den ganzen Tag   einige Jahre   damals   vorgestern   jetzt   früher
> letzten Monat   am Abend   nächstes Jahr   immer   früh morgens   heute   sofort
> jeden Tag   gegen Mittag   gleich   um 8 Uhr   am Nachmittag   wenige Monate   nachher
> heute abend   diesen Monat   fünf Stunden   am frühen Nachmittag   meistens

Wann?	Wie oft?	Wie lange?
im Winter		

6. Ergänzen Sie ‚zum Schluß‘, ‚deshalb‘, ‚denn‘, ‚also‘, ‚dann‘, ‚übrigens‘, ‚und‘, ‚da‘, ‚trotzdem‘ und ‚aber‘.

Warum nur Sommerurlaub an der Nordsee?

Auch der Herbst ist schön. Es ist richtig, daß der Sommer an der Nordsee besonders schön ist. _____ kennen Sie auch schon den Herbst bei uns? _____ gibt es sicher weniger Sonne, und baden können Sie auch nicht. _____ gibt es nicht so viel Regen, wie Sie vielleicht glauben. Natur und Landschaft gehören Ihnen im Herbst ganz allein, _____ die meisten Feriengäste sind jetzt wieder zu Hause. Sie treffen _____ am Strand nur noch wenige Leute, _____ in den Restaurants und Hotels haben die Bedienungen wieder viel Zeit für Sie. Machen Sie _____ auch einmal Herbsturlaub an der Nordsee. _____ sind Hotels und Pensionen in dieser Zeit besonders preiswert. _____ noch ein Tip: Herbst bedeutet natürlich auch Wind. _____ sollten Sie warme Kleidung nicht vergessen.

Der deutsche Wald stirbt

»Mama, was ist das, ›ein Wald‹?« Müssen wir diese Frage in 20 Jahren von unseren Kindern hören, die den Baum, den Wald nur noch von Büchern und Bildern kennen? Eine schreckliche Zukunftsvision. Was ist los mit unseren Wäldern?

60% der Tannen in der Bundesrepublik sind krank oder schon tot. Man kann von einer Umweltkatastrophe sprechen, obwohl es den anderen Bäumen noch etwas besser geht. Warum sterben die Bäume? Die Ursache ist der Regen, meinen die Wissenschaftler. Der Regen, der seit Adam und Eva das sauberste Wasser war, ist heute ein Umweltgift. Der Regen ist sauer, manchmal so sauer wie Zitronensaft. Und die Ursache dafür liegt in der Luft,

die zuviel Schwefeldioxyd (SO_2) enthält.

Das SO_2 in der Luft kommt zu 56% aus Kohle- und Ölkraftwerken und zu 28% von der Industrie.

Durch hohe Schornsteine kommen die SO_2-Abgase nach draußen. Der Wind bringt sie weiter, so daß sie auch in Gebiete kommen, in denen es keine Industrie gibt.

Oft sind es tausende von Kilometern. Und der Wind kennt keine Ländergrenzen. Wir »exportieren« das Gift auch ins Ausland und »importieren« es von den europäischen Industriezentren.

Wasser aus Regen und Nebel machen das Schwefeldioxyd in der Luft zu Schwefelsäure, einem flüssigen Stoff, der sauer und aggressiv ist.

Für Bäume ist der saure Regen

besonders gefährlich, weil sie lange leben und nur langsam wachsen. Dadurch konzentriert sich besonders viel Giftstoff in ihnen. Und – sie nehmen das saure Wasser doppelt auf: durch die Blätter und aus dem Boden. Deshalb wachsen die kleinen Bäume langsamer, und die großen Bäume werden schneller alt. Bei Tannenbäumen und Fichten ist es noch schlimmer. Weil sie auch im Winter Blätter haben, bekommen sie das meiste Gift.

Tannen, die noch gesund aussehen, sterben manchmal innerhalb von vier bis sechs Wochen. Vielleicht ist es noch nicht zu spät; aber wir alle, und besonders die Politiker, müssen jetzt etwas tun. Sonst fragen unsere Kinder in zwanzig Jahren wirklich: »Was ist das, ›ein Wald‹?«

1. Was ist richtig?

a) ☐ 56% der deutschen Industrie sind Kohle- und Ölkraftwerke.

☐ Kohle- und Ölkraftwerke produzieren am meisten SO_2-Abgase.

☐ 56% der Abgase von Kohle- und Ölkraftwerken sind SO_2.

b) ☐ Die Abgase sind bei Wind besonders gefährlich.

☐ Die hohen Schornsteine stehen in Gebieten, in denen es keine Industrie gibt.

☐ Die Abgase kommen bei Wind auch in entfernte Gebiete.

c) ☐ Das SO_2 in der Luft macht den Regen sauer.

☐ Schwefelsäure ist saure Luft.

☐ Wenn es regnet, kommen Abgase in die Luft.

d) ☐ Der saure Regen macht alle Bäume sofort kaputt.

☐ Der saure Regen ist nur für große Bäume gefährlich.

☐ Der saure Regen ist für Tannen und Fichten besonders gefährlich.

2. Wie entsteht saurer Regen?

Suchen Sie alle Sätze aus dem Text (S.122) heraus, die erklären, wie saurer Regen entsteht. Kommentieren Sie dann die Grafik.
Sie können bei der Ursache anfangen:
„Links ist eine Fabrik mit einem Schornstein, aus dem ..."
Sie können aber auch beim Resultat beginnen:
„Der Baum stirbt, weil ..."

1. Umweltschutz fängt auch bei uns selber an.

P. 162, 3 + 4

Das Plakat auf S.124 soll Tips für den Umweltschutz geben. Es ist aber noch nicht fertig. Ergänzen Sie selbst noch fünf Tips (a–e). Sie können die folgenden Sätze verwenden:

a) Werfen Sie Batterien,   nicht in den Hausmüll!

b) Kaufen Sie keine Getränke,

c) Gießen Sie Altöl nicht in die Toilette oder ins Waschbecken!

d) Werfen Sie Glasflaschen,   in einen Glascontainer!

e) Sparen Sie Energie. Heizen Sie nur die Zimmer,

die die Geschäfte nicht zurücknehmen, die leer sind, die Sie wirklich brauchen. die es nur in Dosen gibt.

Denn die Produktion von Dosen kostet viel Energie, und man kann sie nur einmal gebrauchen.

Denn aus Altglas kann man wieder neues Glas machen.

Denn sonst haben wir bald kein Gas, keine Kohle und kein Öl mehr.

Denn 1 Liter Altöl kann 1 Million Liter Trinkwasser kaputt machen.

Denn Batterien enthalten giftige Stoffe.

GREENPEACE

Nehmen Sie keine Plastikflaschen (zum Beispiel Flaschen für Haushaltsreiniger) oder Plastiktüten, die aus PVC sind. Denn PVC ist giftig, wenn man es verbrennt.

Umweltschutz fängt auch bei uns selber an

Greenpeace (Deutschland) e.V. Hohe Brücke 1 Haus der Seefahrt 2000 Hamburg 11 Telefon (040) 37 33 44 oder 37 33 59

2. Welche Umweltprobleme gibt es in Ihrem Land?
Welche sind besonders gefährlich? Warum? Was macht man dagegen?

Bio-Kost ist teurer,
aber nicht
unbedingt besser

Dasselbe in Grün?

Die Westdeutschen sind auf dem Bio-Trip: Für chemiefreies Obst und Gemüse, für biologisches Vollkornbrot aus dem Steinofen und für Bio-Frischeier von frei lebenden Hühnern zahlen sie fast doppelt so hohe Preise wie für normale Kost. Die Angst vor dem „Gift auf dem Tisch" hat gute Gründe – aber ist die Ware aus den Bio-Läden wirklich gesünder, und ist sie auch wirklich frei von Gift?

Aus deutschen Landen –
frisch auf den Tisch!

LABOR

Gegen Mittag klingelt in „Heidis neuem Reformhaus" in Frankfurt die Kasse. Viele Büroangestellte und Studenten holen ihren Mittagsimbiß aus Heidis Bio-Laden: Schrotbrötchen, Bio-Quark mit Rosinen und ohne Fabrikzucker oder Bio-Kekse. Ihnen schmeckt die „Chemie-Kost" aus den Großküchen nicht mehr. Heidi ist zufrieden, das Geschäft geht nicht nur mittags ausgezeichnet. „Naturkost für ihre Gesundheit" heißt der Werbespruch von Heidi Mangolds, 40.
Ihr gehört eins der über 2000 Reformhäuser und Bio-Läden in der Bundesrepublik, deren Zahl jedes

Jahr wächst. Denn trotz der viel höheren Preise für Bio-Lebensmittel kaufen immer mehr Bundesdeutsche in den Naturkostläden. Sie sind überzeugt, daß Bio-Kost gesünder ist und keine chemischen Gifte enthält. Stimmt das wirklich? Auf diese Frage antwortete eine Reformhaus-Chefin: „Die Garantie gibt uns kein Bauer. Wir bekommen nichts schriftlich." Der Stuttgarter Lebensmittelchemiker Prof. Hans Jürgen Holtmeier meint: „Die hohen Preise sind der einzige Unterschied zu den anderen landwirtschaftlichen Produkten." Wir wollten es genauer wissen und haben deshalb untersuchen

lassen, wieviel Chemie in Gemüse und Obst aus normalen und biologischen Läden ist. Das Ergebnis zeigt die Graphik auf der folgenden Seite. Gemüse und Obst aus normalen Läden enthalten zwar etwas mehr „Giftstoffe", aber diese Mengen sind ungefährlich. Auch unsere Untersuchung konnte also nicht beweisen, daß Bio-Gemüse und Bio-Obst gesünder sind. Vielleicht wären die Bio-Produkte besser, wenn man sie genauer kontrollieren würde. Aber das ist sehr schwer, denn viele Bio-Produkte müssen aus dem Ausland importiert werden, weil die deutschen Bio-Bauern nicht genug pro-

GIFTFREIHEIT ERWARTET

Rückstände von Pflanzenschutzmitteln* auf Obst und Gemüse in Milligramm je Kilogramm Ware; Angaben in Klammern = erlaubte Höchstmengen

Ware aus „biologischem" Laden

	Ware	Herkunftsland	Pflanzenschutzmittel
B1	Golden Delicious	–	n.n. = nicht nachweisbar
B2	Renetten	I	n.n.
B3	Orangen	–	n.n.
B4	Golden Delicious	F	0,1 (2,0) Dithiocarbamate
B5	Roter Delicious	F	0,05 (0,2) Dithiocarbamate
B6	Tomaten	F	n.n.
B7	Süßkirschen	F	n.n.
B8	Kopfsalat	D	n.n.
B9	Möhren	–	n.n.
B10	Salatgurke	–	n.n.
B11	Kopfsalat	–	n.n.
B12	Zitronen	–	n.n.
B13	Glockenapfel	D	0,6 (2,0) Dithiocarbamate / 0,03 (1,5) Bromophos
B14	Delicious	D	0,02 (1,5) Bromophos
B15	Kopfsalat	–	n.n.
B16	Orangen	I	n.n.

Ware aus herkömmlichem Laden

	Ware	Herkunftsland	Pflanzenschutzmittel
N1	Golden Delicious	–	0,10 (2,0) Dithiocarbamate
N2	Roter Delicious	RCH	0,28 (0,5) Parathion / 0,40 (0,1) Ethion
N3	Orangen ***		Orthophenylphenol / 0,25 (2,0) Methidathion
N4	Golden Delicious	F	0,10 (1,5) Dimethoat / 0,25 (2,0) Phosalon
N5	Starking (Apfel)	ZA	n.n.
N6	Tomaten	NL	n.n.
N7	Kirschen	F	n.n.
N8	Kopfsalat	NL	0,17 (0,3) Quintozen
N9	Möhren	I	n.n.
N10	Gurken	NL	n.n.
N11	Kopfsalat	–	n.n.
N12	Zitronen **	E	Orthophenylphenol
N13	Granny Smith	RA	0,05 (0,1) Ethion
N14	Golden Delicious	–	n.n.
N15	Kopfsalat	D	n.n.
N16	Zitronen **	E	Orthophenylphenol

* einschl. Oberflächen-Behandlungsmittel bei Zitrusfrüchten
** als „unbehandelt" deklariert
*** nicht eindeutig als „unbehandelt" deklariert
Herkunftsländer: I = Italien, F = Frankreich, RCH = Chile, ZA = Südafrika, NL = Niederlande, E = Spanien, RA = Argentinien, D = Deutschland, – = Herkunftsland nicht erkennbar

duzieren können. Doch es ist auch nicht sicher, daß die deutschen Bio-Produkte giftfrei sind. Auch für Nahrungsmittel, die in der Bundesrepublik Deutschland produziert worden sind, gibt es nämlich keine verbindlichen „Bio-Normen". Kein Gesetz sagt, wie viele Milligramm Orthophenylphenol auf einer Zitrone sein dürfen, wenn sie als Bio-Zitrone verkauft werden soll. Gesetzlich festgelegt sind nur die Höchstwerte für Giftreste, bis zu denen Obst und Gemüse überhaupt verkauft werden darf.

Vielleicht ist die Bio-Kost für den Menschen nicht gesünder, aber biologische Produktion ist bestimmt besser für den Boden und die Tiere. Denn die moderne industrielle Landwirtschaft verlangt große Flächen und macht so die natürliche Landschaft kaputt, die viele wilde Tiere und Pflanzen zum Leben brauchen. Die chemischen Pflanzenschutzmittel töten viele Insekten, die wichtigste Nahrungsquelle für die meisten Vogelarten, und die chemischen Kunstdünger sind schon jetzt eine Gefahr für unser Trinkwasser. Allein deshalb brauchen wir mehr Bio-Bauern. Die Warnung der Industrie, daß Bio-Bauern ohne Kunstdünger nicht genug produzieren würden, muß uns nicht stören. Denn das Problem in Europa ist doch gerade die Überproduktion von Lebensmitteln, die niemand essen kann und die doch mit unseren Steuern bezahlt werden.

Angebot von Bio-Gemüse (in Göppingen)

Pestizid-Ausbringung auf Jungpflanzung

1. Was nehmen Sie mit, wenn Sie eine Reise machen?

Was fehlt Ihnen am meisten, wenn Sie im Ausland (in der Bundesrepublik) sind?

2. Interview am Frankfurter Flughafen

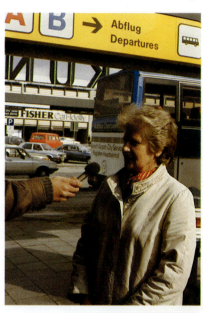

Der Reporter fragt: Was haben Sie bei einer Reise immer dabei? Was würden Sie nie vergessen?
A. Hören Sie die Interviews.
B. Notieren Sie.

	Beruf?	kommt woher?	fliegt wohin?	nimmt was mit?
Schweizerin				
Brite				
Italiener				
Deutsche				
Deutscher				

Kaffee   Guitarre   Teddybär   Schirm   Kohle-tabletten

Urlaub mit DYNAMOS-Versicherungen

Haben Sie nichts vergessen? Ihre Urlaubs-Check-Liste

Versicherungen/Ämter/Ärzte
- ☐ Gepäckversicherung abschließen
- ☐ Internationalen Krankenschein besorgen
- ☐ Paß/Ausweis verlängern lassen
- ☐ Visum beantragen
- ☐ Katze/Hund untersuchen und impfen lassen

Bahn/Flugzeug/Schiff
- ☐ Reiseprospekte besorgen
- ☐ Fahrpläne/Fahrkarten/Flugkarten besorgen
- ☐ Plätze reservieren lassen
- ☐ Hotelzimmer bestellen

Auto
- ☐ grüne Versicherungskarte besorgen
- ☐ Motor/Öl/Bremsen/Batterie prüfen lassen
- ☐ Auto waschen lassen
- ☐ Benzin tanken

Persönliche Vorbereitungen
- ☐ Geld wechseln
- ☐ Reiseschecks besorgen
- ☐ Kleider/Anzüge in die Reinigung bringen
- ☐ Wäsche waschen
- ☐ Apotheke: Medikamente, Pflaster, … kaufen
- ☐ Drogerie: Seife, Zahnbürste, Zahnpasta kaufen
- ☐ Koffer packen: Wäsche, Kleider, Anzüge, Hosen, Pullover, Blusen, Hemden, Handtücher, Bettücher
- ☐ Fluggepäck wiegen

Haus/Wohnung
- ☐ Nachbarn Schlüssel geben
- ☐ Fenster zumachen
- ☐ Licht/Gas/Heizung ausmachen

1. Reiseplanung

A. Was würden Sie mitnehmen, wenn Sie in die Bundesrepublik fahren würden?
Machen Sie eine Liste!

B. Was würden Sie vor der Reise machen?

Winterurlaub

Alpen, Ferienhaus,
2 Wochen, Zug,
Winter, 2 Erwachsene,
4 Kinder

Nicht vergessen!
Skier, Pullover, Ski-Schuhe,

Fahrkarten besorgen
Paß

Geschäftsreise

Hannover, Hotel,
4 Tage, Flug,
Herbst, allein

Campingurlaub

Bodensee, Camping,
3 Wochen, Auto, Hund,
Sommer, zwei Kinder
(2 und 10 Jahre),
zwei Erwachsene

2. Wer macht was?

Wir müssen das Visum beantragen.
Soll ich das machen?

Nein, laß mich das Visum
beantragen. Du kannst die
Katze impfen lassen.

A. Visum beantragen / Katze impfen
Hotelzimmer bestellen / Pässe verlängern
Krankenschein besorgen / Bremsen prüfen
Geld wechseln / Auto waschen
Reiseschecks besorgen / Plätze reservieren
Fahrkarten kaufen / Anzüge reinigen lassen

P. 163, 1

Laß mich das Visum beantragen.
Du läßt die Katze impfen.

B. Nehmen Sie die Liste, die Sie für Übung 1 gemacht haben, und üben Sie damit weiter!

3. ‚Lassen' hat drei wichtige Bedeutungen.

A. Mein Chef läßt mich manchmal seinen Wagen fahren, aber er läßt mich nie zur Bank gehen.
   *(Mein Chef ist einverstanden, daß ich manchmal seinen Wagen fahre, aber er verbietet,
   daß ich zur Bank gehe. ‚lassen' = erlauben; ‚nicht lassen' = verbieten)*
B. Ich lasse morgen den Hund untersuchen.
   *(Ich kann den Hund nicht selbst untersuchen; das soll/muß der Tierarzt machen.
   ‚lassen' = eine andere Person soll/muß etwas machen)*
C. Laß mich die Wohnung aufräumen, dann kannst du ins Kino gehen.
   *(Ich will gern für dich die Wohnung aufräumen.
   ‚lassen' = man will etwas für eine andere Person machen)*

Welche Bedeutung (A, B oder C) hat ‚lassen' in den folgenden Sätzen?

	A	B	C
1	✕		
2			
3			
4			
5			
6			
7			
8			
9			
10			

1. Ich lasse dich nicht allein ins Theater gehen.
2. Wie lange lassen Sie Ihre Tochter abends weggehen?
3. Wo lassen Sie Ihr Auto reparieren?
4. Lassen Sie mich doch den Brief schreiben, wenn Sie müde sind.
5. Du mußt dir unbedingt die Haare schneiden lassen.
6. Läßt du mich mal telefonieren?
7. Warum läßt du mich nicht die Suppe kochen? In der Zeit kannst du den Brief schreiben.
8. Ich möchte die Bremsen prüfen lassen.
9. Laß meinen Freund doch Gitarre spielen. Er stört uns doch nicht.
10. Heute denkt man nicht mehr selbst. Man läßt denken!

4. Sagen Sie es anders. Benutzen Sie ‚lassen'.

a) Eva darf nie im Büro telefonieren. Ihr Chef will das nicht.
   Ihr Chef läßt sie nie telefonieren.
   Ebenso:
b) Charlotte möchte gern allein Urlaub machen, aber ihre Eltern verbieten es.
c) Herr Traber kocht sehr gern, aber seine Frau macht das Essen lieber selbst.
d) Rolf möchte aufs Gymnasium gehen. Seine Mutter ist einverstanden.
e) Herr Moser geht zum Tierarzt. Dort wird seine Katze geimpft.
f) Ich wasche das Auto. Du hast so wenig Zeit.
g) Familie Behrens hat einen Hund. Gisela darf mit ihm spielen.
h) Ingrid hat keine Zeit, ihre Wäsche zu waschen. Sie bringt sie in die Reinigung.
i) Heinz will schlafen, aber Herbert stört ihn immer.
j) Herr Siemens fährt nicht gern Auto. Er findet es besser, wenn seine Frau Fährt.
k) Fritz trinkt gern Kaffee, aber seine Eltern finden das ungesund.
l) Werner repariert sein Auto nicht selbst. Er bringt es in die Werkstatt.

Wenn jemand eine Reise macht, dann kann er viel erzählen.

Wißt ihr, was mir vorige Woche passiert ist? Ich wollte am Wochenende Ski fahren und bin deshalb nach Österreich gefahren. Denn dort war ziemlich viel Schnee. Ich war kurz vor der Grenze, da habe ich gemerkt, daß ich weder meinen Paß noch meinen Ausweis dabei hatte. Trotzdem habe ich es versucht, aber ich durfte nicht über die Grenze. Also bin ich wieder zurückgefahren und habe meinen Ausweis geholt. Nach drei Stunden war ich schließlich wieder an der Grenze. Aber jetzt wollte niemand meinen Ausweis sehen ...

A. Hören Sie den Text. Was ist Herrn Weiler passiert? Erzählen Sie.

Urlaub → Ostsee/Travemünde → Zimmer reserviert → kein Zimmer frei → sich beschwert → kein Zweck → Zimmer in Travemünde gesucht → Hotels voll/Zimmer zu teuer → nach Ivendorf gefahren → Zimmer gefunden

Verwenden Sie die Wörter

| denn | trotzdem | aber | deshalb | dann | schließlich | entweder ... oder | also | da |

B. Was ist hier passiert? Erzählen Sie.

C. Was ist Ihnen einmal auf einer Reise passiert? Erzählen Sie.

1. Spiel: Die Reise zum Mond

(Gruppen: 3 Personen)

Sie planen eine Reise zum Mond / in die Sahara / auf eine Insel im Pazifik / in die Antarktis.

Ihre Reisegruppe soll drei Wochen lang auf dem Mond (in der Sahara, auf der Insel, in der Antarktis) bleiben. Es gibt dort keine anderen Menschen! Hier ist eine Liste mit 30 Dingen, von denen Sie nur <u>fünf</u> mitnehmen dürfen.

Diskutieren Sie, welche Dinge Sie mitnehmen. Am Ende müssen alle „Reiseteilnehmer" überzeugt sein, daß die Gruppe die richtigen Dinge gewählt hat.

Vergessen Sie nicht: Sie müssen essen, trinken, gesund bleiben, den richtigen Weg finden; vielleicht haben Sie einen Unfall und müssen gerettet werden ......

1. 50 m Aluminiumfolie	11. Fotoapparat	21. Seife
2. Benzin	12. Kochtopf	22. Seil
3. Bettuch	13. Kompaß	23. Spiegel
4. Bleistift	14. Messer	24. Streichhölzer
5. Briefmarken	15. 100 Blatt Papier	25. Taschenlampe
6. Brille	16. Pflaster	26. Telefonbuch
7. Camping-Gasofen	17. Plastiktaschen	27. Uhr
8. Familienfotos	18. Reiseschecks	28. 200 Liter Wasser
9. zehn Filme	19. Salz und Pfeffer	29. Wolldecke
10. Flasche Schnaps (54%)	20. Schirm	30. Zahnbürste

P. 163, 2
P. 165, 5

Ich würde ... mitnehmen.		... ist	wichtig.	Das finde ich	unwichtig.
Ich	schlage vor,	daß wir ...		notwendig.		nicht not-wendig.
	meine,				

... braucht man zum	Kochen	Ich bin dafür.	Ich bin dagegen.
	Waschen	Einverstanden.	Das ist doch Unsinn.
	Schlafen	Meinetwegen.	Nein, aber ...
	Trinken	Das ist mir egal.	Es ist besser, wenn ...
	Feuer machen		
	...		

		Das	finde	ich auch.
Wenn man in / auf ... ist, braucht man	unbedingt ...		glaube	
	ganz bestimmt ...		meine	

2. Ergänzen Sie ‚nicht‘, ‚–‘, ‚kein(e)(n)‘, ‚ein(e)(n)‘, ‚nichts‘.

a) Auf dem Mond braucht man _____ Kompaß.

_____ Reiseschecks kann man dort _____ verwenden.

Und mit _____ Streichhölzern kann man auch _____ machen.

b) Auf einer Insel kann man bestimmt _____ Telefonbuch gebrauchen.

_____ Schnaps sollte man besser _____ mitnehmen.

Auch _____ Papier kann man _____ zu Hause lassen.

Und _____ grüne Versicherungskarte ist auf einer Insel _____ wichtig.

c) In der Sahara gibt es _____ Regen.

_____ Schirm braucht man dort _____.

Dort braucht man Wasser und einen Kompaß, sonst _____.

3. Was können Sie auch sagen?

a) *Ich würde Benzin mitnehmen.*
- Ⓐ Ich lasse Benzin mitnehmen.
- Ⓑ Ich schlage vor, Benzin mitzunehmen.
- Ⓒ Mir fehlt Benzin.

b) *Meinetwegen nehmen wir eine Wolldecke mit.*
- Ⓐ Wir können eine Wolldecke mitnehmen oder nicht. Das ist mir egal.
- Ⓑ Die Wolldecke ist einverstanden, daß wir sie mitnehmen.
- Ⓒ Wir nehmen lieber eine Wolldecke mit.

c) *Ich bin dafür, einen Gasofen mitzunehmen.*
- Ⓐ Ich bin nicht dagegen, einen Gasofen mitzunehmen.
- Ⓑ Ich finde, daß wir einen Gasofen mitnehmen sollten.
- Ⓒ Wir nehmen einen Gasofen mit; da bin ich sicher.

d) *Ich bin dagegen, Schnaps einzupacken.*
- Ⓐ Ich finde es falsch, Schnaps einzupacken.
- Ⓑ Schnaps darf man nicht einpacken.
- Ⓒ Pack den Schnaps aus!

c) *Es ist besser, einen Schirm mitzunehmen.*
- Ⓐ Einen Schirm braucht man zum Mitnehmen.
- Ⓑ Wir nehmen einen besseren Schirm mit.
- Ⓒ Wir nehmen lieber einen Schirm mit.

f) *Es ist notwendig, Medikamente zu haben.*
- Ⓐ Man muß unbedingt Medikamente haben.
- Ⓑ Man muß notwendige Medikamente haben.
- Ⓒ Es ist unwichtig, Medikamente zu haben.

4. Sagen Sie es anders.

a) Wenn man waschen will, braucht man Wasser.

Zum Waschen braucht man Wasser. _____

Ebenso:

b) Wenn man kochen will, braucht man meistens Salz und Pfeffer.

c) Wenn man Ski fahren will, braucht man Schnee.

d) Wenn man schreiben will, braucht man Papier und einen Kugelschreiber.

f) Wenn man fotografieren will, braucht man einen Fotoapparat und einen Film.

g) Wenn man tanken muß, muß man zur Tankstelle fahren.

h) Wenn man telefonieren muß, muß man oft ein Telefonbuch haben.

i) Wenn man schlafen will, nimmt man am besten eine Wolldecke.

j) Wenn man lesen will, sollte man gutes Licht haben.

k) Wenn man etwas reparieren muß, braucht man gutes Werkzeug.

l) Wenn man wandern möchte, sollte man gute Schuhe haben.

In Deutschland leben mehr als eine
Million Ausländerkinder unter 16 Jahren, die meisten davon sind Türken.
Viele besuchen deutsche Schulen. Unser Bericht stellt eine 9. Hamburger
Hauptschulklasse vor, die mit ihrem
Lehrer in die türkische Stadt Konya
gefahren ist. Bevor sie weggefahren
sind, hatten die deutschen, aber auch
die türkischen Schüler viele Fragen.

P. 164, 3a + b

Hauptschule in Hamburg-Veddel		
38 Prozent ausländische Schüler		
davon in %	62	Türken
14	Jugoslawen	
9	Italiener	
7	Griechen	
3	Spanier	
5	übrige	

Wer fragt was?

Nesrin möchte wissen, was man mitnehmen
muß.
Antja fragt, ob viele Türken deutsch
sprechen.
Mehmet möchte wissen, . . .
Franz . . .

Was muß man mitnehmen?
Nesrin möchte wissen,
was   man mitnehmen muß.

Sprechen viele Türken deutsch?
Antja fragt,
ob   viele Türken deutsch sprechen.

Klassenreise

Zum Frühstück gibt es Schafskäse und Oliven. Für Matthias, der sonst immer Brötchen und Marmelade ißt, ein schlechter Anfang für den Tag.

Matthias gehört zu einer 9. Hauptschulklasse aus Hamburg, die mit ihrem Lehrer in die Türkei gefahren ist. 11 Tage wohnen die 14 deutschen und 9 türkischen Jungen und Mädchen bei Gastfamilien in Konya. Ihre Schule in Hamburg liegt im Arbeiterviertel »Veddel«, wo fast so viele Türken wie Deutsche wohnen. Die Eltern der deutschen Hauptschüler arbeiten alle mit Türken zusammen. »Das sind fleißige Arbeiter, gute Kollegen«, sagen sie. »Wir haben nichts gegen die Türken, nein wirklich, gar nicht!« Aber private Kontakte, Freundschaft, einen Türken nach Hause einladen? Nein, das macht hier niemand.

Und die Kinder? Was wissen sie über ihre türkischen Mitschüler und über das Land, aus dem sie kommen?

Der Lehrer hat sie vor der Klassenreise gefragt. Einige wußten, daß es in der Türkei Moscheen gibt, aber das war auch alles. Sie haben sich alle auf die Reise gefreut, aber da war auch ein bißchen Angst vor dem Land, das ihnen so fremd ist. »Hoffentlich mache ich alles richtig«, sagte eine Schülerin. Und andere: »Ich habe ein bißchen Angst, daß ich die Leute nicht verstehen kann« und »Was mache ich, wenn ich in Konya nicht mehr den richtigen Weg finde?« »Hoffentlich schmeckt mir das Essen.« Die türkischen Mitschüler haben versprochen zu helfen, und natürlich zu übersetzen, wenn es Sprachprobleme gibt. Und dann sind sie gefahren.

Matthias wohnt in Konya bei Familie Usta und ist sehr zufrieden mit seinen Gasteltern, obwohl ihm das Frühstück nicht schmeckt. Herr Usta ist Lehrer, das Ehepaar hat sechs Kinder. Matthias, der selbst fünf Geschwister hat, fühlt sich in der großen Familie wohl. Besonders gefällt ihm die Gastfreundschaft seiner türkischen Familie. Jeder, der kommt, muß einen Tee trinken und etwas essen. Nur »irgendwie arm sind die schon«, sagt er später, als er in Deutschland von seiner Reise

Festtag im Dorf:
Mädchen und Jungen feiern getrennt.

erzählt, und meint damit, daß Familie Usta kein »richtiges« Badezimmer hat.

Für ein paar andere Mitschüler sind die türkischen Toiletten ein großes Problem, weil man dort stehen muß. »Wenn ich nach Hause komme, setze ich mich erst mal eine Stunde auf die Toilette«, sagt Franz, als sich die ganze Klasse in der Stadt trifft.

Am nächsten Tag sind alle bei einem reichen Kunsthändler eingeladen. Sein Haus ist wie ein Märchen aus Tausendundeiner Nacht – farbige Glasfenster, Lampen aus Gold und dicke Teppiche auf dem Boden und an den Wänden. Im ersten Stock seines Hauses ist der Harem. Natürlich will die ganze Klasse hinaufgehen. Der Hausherr, der streng nach dem Koran lebt, erlaubt es nur den Mädchen. Aysche, die das Gespräch mit dem Kunsthändler für ihre Mitschüler übersetzt, lebt schon seit zehn Jahren in Deutschland. Sie reagiert auf die Bitte des Hausherrn wie einige ihrer deutschen Mitschüler: »Warum denn? Das verstehe ich nicht.« Als die Mädchen aus dem Harem zurückkommen, sind sie enttäuscht. Der Kunsthändler hatte nur eine Frau.

dabei nicht zu lachen. Dann erklärt er dem Dorfältesten auf türkisch, daß der langhaarige Matthias kein Mädchen ist. Er darf dann auch mit den Männern feiern.

Im Männerhaus ist die Atmosphäre herzlich. Es gibt Tee und Tabak. Taner küßt allen Männern die Hände, die türkische Art der Begrüßung. Matthias schaut interessiert zu und tut dann dasselbe. Die Männer freuen sich, sie lachen und geben ihm türkische Zigaretten. Alle sitzen ohne Schuhe auf dem Teppich. Muhammads Onkel Mehmet will

»Ich habe immer gedacht, das türkische Essen wäre schrecklich...« Zum Hammelfleisch mit Reis und Gemüse gibt es Joghurt und türkische Pizza.

Zwei Tage später wollen Matthias, Taner, Brigitte und Nesrin ihren früheren Mitschüler Muhammad besuchen. Muhammad war drei Jahre mit ihnen in der Klasse und lebt seit einem Jahr wieder in der Türkei. Das Dorf, in dem er wohnt, ist 60 km von Konya entfernt. Muhammad hat ganz kurze Haare, wie die meisten Dorfkinder in der Türkei, und seine früheren Mitschüler erkennen ihn kaum wieder. Matthias mit seinen langen blonden Haaren kann das am wenigsten verstehen. »Mensch, Muhammad, wie siehst du denn aus?« sagt er bei der Begrüßung.

An diesem Tag ist gerade ein türkischer Festtag. Für die Feier im Dorf werden Jungen und Mädchen vom Dorfältesten getrennt. Taner übersetzt, was der freundliche alte Mann gerade zu Matthias sagt: »Meine Tochter, geh' mit den Frauen!« Er versucht,

wissen, ob die Deutschen auch an einen einzigen Gott glauben. Das Gespräch ist interessant, aber sehr schwierig. Matthias versucht zu erklären, daß Gott Vater, Sohn und Heiliger Geist nicht drei Götter sind, sondern eine Person. Das ist selbst für Christen nicht so ganz einfach und natürlich für einen Muslim noch schwerer zu verstehen. Taner, der übersetzen muß, macht Schwerarbeit. Zu seinem Glück gibt es bald Essen.

Beim Essen sind auch die beiden Mädchen Brigitte und Nesrin wieder dabei. Es gibt Hammelfleisch, Joghurt, türkische Pizza, Gemüse und Reis. »Also, ich habe früher immer gedacht, das türkische Essen wäre schrecklich, ganz fett und so...« sagt Brigitte und ißt ihre dritte Portion.

Ob die Klassenreise wohl hilft, daß auch zu Hause die Kontakte besser werden?

1. Was meinen Sie?

A. Was ist für die deutschen Schüler in der Türkei wohl fremd?

B. Was gefällt den deutschen Schülern in der Türkei?

P. 164, 3a + b

Ich glaube, daß . . .			
Die Schüler	können nicht verstehen, wissen nicht,	daß . . . wie . . . warum . . .	
. . . ist	für die Schüler für Matthias	fremd. neu. unbekannt. . . .	
Die Schüler finden es	gut, komisch, interessant,	daß . . .	

Gastfamilie   Männerhaus
Frühstück
auf dem Teppich sitzen   Toiletten
Festtag   Männer und Frauen
Gastfreundschaft   Sprache
freundlich   Essen
türkische Familien

C. Was glauben Sie, warum der Lehrer mit seiner Klasse diese Fahrt gemacht hat?

2. Stimmt doch, oder?

Die Deutschen . . .

sind dick

sind immer laut

sind reich

arbeiten immer

können nicht lachen

sind sauber

sind sehr freundlich

haben nie Zeit

sind pünktlich

sind sparsam

sind immer noch Faschisten

3. Was findet man in Ihrem Land an Deutschen komisch, gut . . .?

4. Schreiben Sie eine kleine Zusammenfassung für den Text auf S.135–6 Benutzen Sie Perfekt und Präteritum.

deutsche Schulklasse – in die Türkei fahren
bei türkischen Familien wohnen
Gastfreundschaft – gefallen
Probleme: Frühstück, Toiletten, . .
Kunsthändler – einladen
nur Mädchen – in den Harem gehen
Muhammad, einen früheren Mitschüler, besuchen
mit den Türken feiern (Jungen und Mädchen getrennt)
über Gott sprechen
das türkische Essen mögen
man weiß nicht: Kontakte zu Hause besser?

Eine deutsche Schulklasse ist in die Türkei gefahren. Die Schüler haben bei . . .

5. Was ist für Deutsche im Ausland wichtig? Sagen Sie es anders:

a) Herr Kurz überlegt: „Was muß ich mitnehmen?"
   Herr Kurz überlegt, was er mitnehmen muß.
   Ebenso:
b) Frau Meier weiß nicht: „Gibt es in Mallorca guten Kaffee?"
c) Frau Mittler möchte gern wissen: „Wann machen die Läden in Norwegen zu?"
d) Gerti fragt sich: „Wie lange sind die Diskotheken in der Schweiz auf?"
e) Herr Klar weiß nicht: „Welche Sprache spricht man in Andorra?"
f) Frau Schickedanz muß unbedingt wissen: „Kann man in Tunesien Alkohol kaufen?"
g) Susanne überlegt: „Soll ich nach Spanien einen Pullover mitnehmen?"
h) Herr Schuster weiß nicht: „Wieviel D-Mark sind 1000 italienische Lire?'
i) Frau Möller fragt sich: „Wer holt mich am Bahnhof ab?"
j) Heiko möchte sehr gern wissen: „Gibt es in Dänemark billigen Schnaps?"
k) Dr. Kaufmann überlegt: „Wo kann man ein günstiges Ferienhaus mieten?"
l) Familie Aufderheide fragt sich: „Gefällt den Kindern wohl die Nordsee?"
m) Herr Sutter überlegt: „In welchem Land kann ich die meisten Steuern sparen?"
n) Frau Kuhlmann weiß noch nicht: „Wann fährt mein Zug ab?"

6. Sagen Sie es anders. Benutzen Sie ‚ob' oder ‚daß'.

a) Meine Mutter kommt morgen. Das habe ich ganz vergessen.
   Ich habe ganz vergessen, daß meine Mutter morgen kommt.
   Ebenso:
b) Karla hat morgen Geburtstag. Weißt du das nicht?
c) Ist morgen eigentlich ein Ferientag? Ich habe es vergessen.
d) Braucht man für Tunesien ein Visum? Ich weiß das nicht.
e) Die Türken sitzen gern auf dem Teppich. Das kann ich nicht verstehen.
f) Vielleicht kann man in Kanada viel Geld verdienen. Möchtest du das nicht auch wissen?
g) Die Deutschen stehen sehr früh auf. Das habe ich gehört.
h) In der Bundesrepublik machen die Geschäfte um 18.30 Uhr zu. Das habe ich nicht gewußt.
i) Trinken die Österreicher mehr Wein oder mehr Bier? Das weiß kein Mensch.
j) Vielleicht spricht man in der Schweiz auch Italienisch. Da bin ich nicht sicher.

Ist es Ihnen in der Bundesrepublik zu eng? In Paraguay (anderthalb mal so groß wie die Bundesrepublik und nur 3 Millionen Einwohner) gibt es noch Platz, und man kann frei leben.
Wir sind ein großer Landwirtschaftsbetrieb im Norden Paraguays und bieten Ihnen auf unserer Farm gutes Land an. Für 30000 DM bekommen Sie 50000 qm, das sind nur 60 Pfennig für einen Quadratmeter.
In Paraguay erhalten Sie und Ihre Familie schnell eine Aufenthaltserlaubnis. Eine Stelle zu finden, ist für Sie als Deutscher bestimmt nicht schwierig. In unserem Land leben schon 50000 Deutsche, und man ist sehr deutschfreundlich.

Ausländer – woher?

Von den 4,63 Millionen Ausländern in der Bundesrepublik sind:

Türken	1,55 Mio
Jugo-slawen	637300
Italiener	624500
Griechen	299300
Asiaten	242000
Spanier	177000
Afrikaner	115100
Portu-giesen	109400
sonstige	878800

1961 wohnten nur 690000 Ausländer in der Bundesrepublik, heute sind es 4,6 Millionen. Die meisten sind in den Jahren zwischen 1967 und 1974 eingewandert. Fast die Hälfte sind länger als 10 Jahre in der Bundesrepublik.

1. Familie Neudel will auswandern.

A. Hören Sie das Gespräch.

B. Warum möchte Familie Neudel auswandern? Was ist richtig?

Familie Neudel möchte auswandern,
a) um freier zu leben.
b) damit Herr Neudel weniger Steuern zahlen muß und mehr verdient.
c) um in Paraguay Land zu kaufen und Bauern zu werden.
d) um Land zu kaufen und ein Haus zu bauen.
e) damit Frau Neudel eine Stelle bekommt.

2. Familie Kumar ist eingewandert.

Sie lebt seit 14 Jahren in der Bundesrepublik.
A. Hören Sie das Gespräch.

B. Warum ist Familie Kumar in die Bundesrepublik gekommen? Was ist richtig?

P. 165, 4

Familie Kumar ist eingewandert,
a) um mehr Geld zu verdienen.
b) weil sie Verwandte in der Bundesrepublik haben.
c) um Deutsche zu werden.
d) weil Herr Kumar hier ein Praktikum machen wollte.
e) damit die Kinder gute Schulen besuchen können.

3. Vergleichen Sie die beiden Familien.

Was ist ähnlich? Was ist verschieden?

4. Warum wandern Menschen aus? Was glauben Sie?

Sie wandern aus,

um Arbeit zu bekommen.
um ... zu ...
damit die Familie besser leben kann.
damit ...
weil sie in der Bundesrepublik studieren wollen.
weil ...

Nebensatz mit 'weil', 'damit', 'um ... zu'

Sie wandern aus,
weil sie Arbeit bekommen wollen.
damit sie Arbeit bekommen.
um Arbeit zu bekommen.

5. Ergänzen Sie.

auswandern

Aufenthaltserlaubnis

6. Ergänzen Sie ‚wenn', ‚wann' oder ‚als'.

_____ ich in die Bundesrepublik Deutschland gekommen bin, konnte ich kaum ein Wort Deutsch. _____ jemand mich etwas gefragt hat, habe ich immer sehr lange überlegt. Ich habe nie gewußt, _____ man ‚du' und _____ man ‚Sie' sagt. Die Leute haben oft gelacht, _____ ich Fehler machte. _____ ich einmal zum Essen eingeladen war, habe ich gesagt: „Es schmeckt ganz gut". Da hat mir die Hausfrau gesagt, _____ man ‚ganz' und _____ man ‚sehr' sagt. Schließlich habe ich mir gesagt: „_____ du jetzt nicht einen Sprachkurs besuchst, lernst du nie mehr richtig Deutsch."

7. Warum ist Carlo Gottini in die Bundesrepublik gekommen?
   Bilden Sie Sätze mit ‚um zu' oder ‚damit'.

a) Er will hier arbeiten.
   Er ist in die Bundesrepublik gekommen, um hier zu arbeiten.
b) Seine Kinder sollen bessere Berufschancen haben.
   Er ist in die Bundesrepublik gekommen, damit seine Kinder bessere Berufschancen haben.

c) Er will mehr Geld verdienen.
d) Er möchte später in Italien eine Autowerkstatt aufmachen.
e) Seine Kinder sollen Fremdsprachen lernen.
f) Seine Frau muß nicht mehr arbeiten.
g) Er möchte in seinem Beruf weiterkommen.
h) Seine Familie soll besser leben.
i) Er wollte eine eigene Wohnung haben.

8. Ergänzen Sie ‚bevor', ‚daß', ‚weil', ‚damit', ‚um zu', ‚zu' oder ‚–'.

Immer mehr Deutsche kommen in die ausländischen Konsulate, _____ sie auswandern wollen. Manche haben Angst, _____ arbeitslos _____ werden, andere wollen ins Ausland gehen, _____ ihre Familien dort freier leben können. Die meisten hoffen, _____ in ihrem Traumland reich _____ werden. Aber viele vergessen, _____ auch andere Länder wirtschaftliche Probleme haben. _____ zum Beispiel nach Australien gehen _____ können, muß man einen ganz bestimmten Beruf haben. Auch für andere Länder ist es schwer, _____ eine Aufenthaltsgenehmigung _____ bekommen. _____ man seine Sachen packt, sollte man sich sehr genau informieren. Man muß auch ein bißchen Geld gespart haben, _____ man in der ersten Zeit im fremden Land leben kann, _____ man nicht sicher sein kann, _____ sofort eine Stelle _____ finden. Manche Auswanderer kommen auch enttäuscht zurück. Dieter Westphal: „Ich bin nach Kanada gegangen, _____ mehr Geld _____ verdienen. Aber ich habe keine Lust, _____ 60 Stunden in der Woche _____ arbeiten, _____ 375 Dollar _____ verdienen. _____ ich ausgewandert bin, habe ich nicht gewußt, _____ es den Deutschen eigentlich sehr gut geht."

Auswanderer-Welle:
Hunderttausende wollen Deutschland verlassen

EINWANDERUNGSVISUM
AUSKUNFT

IMMIGRANT VISA
INFORMATION ONLY

Weg von hier – um jeden Preis

Die Angestellten in den Botschaften und Konsulaten von Kanada, Australien, Neuseeland und Südafrika müssen Überstunden machen. Denn immer mehr Deutsche wollen Auskünfte darüber, wie man auswandern kann.
Im 19. Jahrhundert sind viele Deutsche nach Nord- und Südamerika ausgewandert, weil sie arbeitslos waren. Heute wollen sie weg, weil sie Angst vor einem Krieg in Europa haben oder mit der Politik in der Bundesrepublik nicht einverstanden sind. Viele hoffen, in ihrer neuen Heimat eine bessere Stelle zu finden und reich zu werden.
»Wir haben keine ruhige Minute mehr«, so eine Angestellte in der australischen Botschaft, »vor zwei Jahren waren es nur 36 000, letztes Jahr schon 126 000, die wissen wollten, wie man nach Australien auswandern kann«. Aber es ist nicht leicht, für Australien oder ein anderes Land eine Aufenthaltserlaubnis zu bekommen. Man

nimmt nicht jeden, sondern nur Leute mit bestimmten Berufen, die man auch wirklich braucht. Deshalb konnten letztes Jahr nur 57 000 auch wirklich auswandern. Den meisten Leuten in der Bundesrepublik geht es nicht schlecht. Warum möchten so viele trotzdem auswandern? Die Gründe sind genauso verschieden wie die Menschen. Doch einige Gründe hört man immer wieder: »In Australien, da hat man noch Freiheit«, sagte uns der Automechaniker Hans Szopa, »außerdem ist hier in Deutschland alles zu teuer. Wer kann sich denn hier noch ein Haus bauen?« »Viel Natur« sucht der Tischler Helmut Mense (30) in Kanada. Andere, wie der Elektroingenieur Helmut Kolz (35) aus Mannheim, haben Angst vor der politischen Situation in Europa: »Ich möchte hier weg, bevor es in Europa wieder einen Krieg gibt.« Viele informieren sich vorher nicht genau genug, wie das Leben in ihrem Wunschland wirklich aussieht. Sie wissen z.B. oft nicht, wie

das Klima dort ist, wie lange sie pro Woche arbeiten müssen, wieviel eine gute Wohnung kostet, ob es genug Arbeit gibt, ob es eine Versicherung für Krankheit und Arbeitslosigkeit gibt, ob man schnell Freunde findet usw. Wenn sie dann im fremden Land leben, sind sie oft enttäuscht: Sie können die Leute nicht verstehen; für die Frau gibt es keine Arbeit; die Kinder haben Probleme in der Schule; es gibt nur sehr wenig Urlaub; Angst vor einem Krieg hat man auch im Ausland, usw.
Die meisten bleiben trotzdem und finden manchmal auch ihr Glück. Viele kommen aber zurück. Der Bäckermeister Dieter Westphal (25) z.B. war in seiner neuen Heimat Kanada nicht glücklich und flog nach fünf Monaten zurück: »Es hatte keinen Zweck mehr; ich bekam 375 Dollar pro Woche, aber für 60 Stunden Arbeit. Meine Frau hatte keine Arbeit und war immer mit den Kindern zu Hause. Heute sehe ich, daß es den Deutschen sehr gut geht.«

1. Was ist richtig?

Viele Deutsche wollen auswandern,

Die Angestellten in den Botschaften und Konsulaten
arbeiten viel,

Die Länder nehmen nicht
alle,

Viele Auswanderer kommen
zurück,

weil sie enttäuscht sind.

weil man nur Leute mit bestimmten Berufen nimmt.

um reich zu werden.

weil es in der Bundesrepublik zu wenig Natur gibt.

weil viele Leute Auskünfte über die Auswanderung
haben wollen.

weil sie nicht genug über das Land wußten.

um freier leben zu können.

weil sie glauben, daß es in Europa bald Krieg gibt.

AUSWANDERN

*Wir zeigen Ihnen, wie es geht! Genaue Aus-
künfte über Einwanderungsgesetze (Auf-
enthalts- und Arbeitserlaubnis), Stellensuche, Gehalt, Steuern, Versicherungen,
Hauskauf, Wohnungssuche, Schulen, Klima,
Sprache usw. geben Ihnen unsere Ratgeber »Auswandern« für Australien, Brasilien,
Bolivien, Paraguay, Peru, Venezuela, Neuseeland, Kanada, USA, Bahamas.*

Union Verlag · Postfach 12 75 07 · 7000 Stuttgart

Man muß wissen, wie lange
man bleiben darf.

Bevor man auswandert,
muß man die Sprache lernen.

Man muß fragen, ob es
gute Schulen gibt.

Man muß ...

2. Welche Probleme gibt es, wenn man auswandert?

Was muß man vorher tun? Was muß man wissen?

Bevor man auswandert, muß man ...		
Man muß	wissen,	wie lange ...
	fragen,	welche ...
		wo ...
		wer ...
		was ...
		wie ...
		wieviel ...
		wann ...
		...
Man muß	wissen,	ob ...
	fragen,	

frei die Meinung sagen   Probleme mit Ämtern

Geld verdienen

Stunden pro Woche arbeiten   Tiere mitnehmen

Pässe verlängern

Auto mitnehmen   Steuern

Urlaub bekommen

Leute kennenlernen   genug Stellen

Wohnung bekommen   Klima   Leute freundlich

Haus kaufen   sich impfen lassen

leicht Freunde finden   Krankenversicherung

Arbeitserlaubnis | brauchen   verdienen

... | beantragen

Nach Jahren im Ausland ist es hier nicht mehr so einfach!

Wenn man lange im Ausland gelebt hat, sieht man das eigene Land mit anderen Augen. Wir fragten zwei Frauen, wie sie sich nach ihrer Rückkehr wieder an das Leben in der Bundesrepublik gewöhnt haben.

Brigitte Alfaro lebte in Peru.

„Daß ich mich hier nicht mehr einleben kann, ist meine Schuld. Ich habe mich isoliert"

Ich sitze zwischen zwei Stühlen. In Deutschland kann ich nicht mehr richtig leben, und zurück nach Peru kann ich auch nicht". Brigitte Alfaro, 32, hatte vor neun Jahren einen Peruaner geheiratet und war mit ihm nach Lima gegangen. Nach drei Jahren – inzwischen wurde ihr Sohn Rafael geboren – ging die Ehe kaputt. Zwei Jahre blieb Brigitte mit ihrem Kind in Peru und arbeitete als Sprachlehrerin am Goethe-Institut. Dann mußte sie zurück nach Deutschland. Wäre sie in Peru geblieben, hätte sie nach dortigem Recht das Kind dem Vater überlassen müssen. Seit drei Jahren lebt sie jetzt in München – und fühlt sich immer noch als Fremde im eigenen Land. „Aber ich glaube, ich habe auch selbst Schuld daran", gibt sie zu. „Ich hatte immer nur einen Gedanken: so schnell wie möglich zurück nach Peru!"

Ihr fällt es schwer, Peru zu vergessen. Immer wieder vergleicht sie: „Die Leute dort haben ganz andere Probleme. Viele kämpfen Tag für Tag um ihre Existenz, um einen Platz zum Schlafen, um etwas zu essen. Hier in Deutschland wird alles immer diskutiert und analy-

siert. Da werden Sachen zu einem Problem gemacht, über die man nur den Kopf schütteln kann, wenn man an die Verhältnisse in Peru denkt." Früher hatte Brigitte das gar nicht so gemerkt. Jetzt ist sie nachdenklicher geworden: „Ich bin enttäuscht, daß viele Menschen hier so wenig hilfs-

---

Mascha Kaléko

Der kleine Unterschied

Es sprach zum Mister Goodwill
ein deutscher Emigrant:
„Gewiß, es bleibt dasselbe,
sag ich nun land statt Land,
sag ich für Heimat homeland
und poem für Gedicht.
Gewiß, ich bin sehr happy:
Doch glücklich bin ich nicht."

---

bereit sind. Auf dem Arbeitsamt sagte man mir: Ob ich da unten in Peru gearbeitet hätte, das wäre für sie uninteressant. Hier wären die Verhältnisse nun mal anders." Jetzt gibt sie für Ausländer Deutschunterricht. Zu ihnen hat sie schneller Kontakt bekommen als zu den deutschen Kollegen. „Die Leute reden hier einfach nicht miteinander. Man steht zum Beispiel eine halbe Stunde zusammen an einer Bushaltestelle. Man schaut sich mal an – aber es kommt kein Wort, kein Lächeln." Weil sie sich – besonders in der ersten Zeit – so fremd fühlte, hat sie sich eine Insel geschaffen. In ihrer kleinen Wohnung erinnert alles an Südamerika. An den Wänden hängen Plakate und Bilder aus Lima, bunte Wandteppiche aus Peru.

Ihr Sohn Rafael hat sich ganz ohne Schwierigkeiten in Deutschland eingelebt. Inzwischen spricht er kein Wort Spanisch mehr und will auf keinen Fall nach Peru zurück. Brigitte weiß das und akzeptiert es: „Ich kann ihn hier nicht herausreißen. Ich bin es, die sich langsam wieder an alles gewöhnen muß."

Als Brigitte Sittig, 32, nach Deutschland zurückkam, stand sie sehr schnell im Ruf, immer unpünktlich zu sein. Sie hatte sechs Jahre in Brasilien gelebt, und in dieser Zeit war ihr die deutsche Disziplin, die auch für Verabredungen nach Feierabend gilt, doch etwas fremd geworden. Brigitte arbeitete bei einer deutschen Firma in Rio als Chefsekretä-

„Aus der Entfernung sah ich Deutschland bestimmt zu positiv"

rin. Sie hatte sich schnell an die südamerikanische Einstellung gewöhnt: Was heute nicht gemacht wird, das tut man eben morgen. Auch sonst hat es ihr in Brasilien besser gefallen. Sie findet die Leute dort toleranter, lässiger. Allerdings wurde es ihr auch leicht gemacht. „Als Ausländerin hat man dort eine privilegierte Stellung", sagt sie. Nach ihrer Rückkehr brauchte sie ein halbes Jahr, bis sie sich wieder an den deutschen Alltag gewöhnt hatte. Besonders bei der Arbeit fand sie das schwierig. „Die Menschen hier sind so verschlossen. Man wird nicht so schnell akzeptiert. Aber vielleicht war ich nach meiner Rückkehr auch nur ein bißchen enttäuscht, weil ich Deutschland aus der Entfernung viel zu positiv gesehen habe."
Einen Pluspunkt für das Leben in Deutschland hat Brigitte gefunden: „Ich kann endlich wieder den Wechsel der Jahreszeiten spüren. Das Klima in Rio fand ich oft sehr unangenehm." Aber so richtig heimisch fühlt sie sich hier noch nicht – auch wenn ihr der Beruf wenig Zeit läßt, von Rio zu träumen.

Ich fühle mich hier in Deutschland wohl – ich möchte nicht wieder zurück." Zurück, das heißt für die 23jährige Dagmar Westphal zurück nach New York. Eineinhalb Jahre lang arbeitete sie in New York als Speditionskaufmann. Im 83. Stock des World Trade Centers. Die USA, New York, all das hat sie nach der ersten Euphorie erschlagen. Die Menschenmassen,

Dagmar Westphal fühlt sich in Deutschland wohl.

„Ich bin froh, daß ich wieder hier bin. New York war mir zu anonym und oberflächlich"

die dort täglich durch die U-Bahnen geschleust werden, die Hektik und schließlich auch die Oberflächlichkeit. „Alle waren zwar freundlich", sagt sie. „Aber so richtig ernst gemeint war das eigentlich nur selten. Wenn man nicht selbst aufpaßt, versinkt man dort in der Anonymität." Trotzdem war es für Dagmar zuerst nicht ganz einfach, sich wieder an das Leben in Hamburg zu gewöhnen. „In New York mußte ich mich sehr viel mit mir selbst beschäftigen. Keiner hat sich um mich gekümmert. Aber ich konnte selber bestimmen, was ich tun wollte." Diese

Freiheit vermißt sie jetzt. „In New York ist man nicht so streng. Da gibt es nicht so viele Gesetze. Wenn da ein Jogger mitten auf der Straße Sport treibt, sehen die Leute gar nicht hin."
Zu den Kollegen hat sie in den USA keinen Kontakt bekommen: „Die waren nett, aber gleichgültig".
Dagmar ist realistischer geworden. Das Traumland sind die USA für sie nicht. „Alle Probleme, die es bei uns gibt, gibt es dort auch. Nur sehr viel schlimmer." Jetzt findet Dagmar hier manche Vorteile: „Daß man aus dem Büro gehen kann und im Laden ein paar Meter weiter einkaufen kann. In New York mußte ich dafür kilometerweit fahren, denn zwischen den Hochhäusern gibt es keine Geschäfte."
Sie versucht einen Mittelweg zu finden. „Die Amerikaner wollen nur gut und ohne Sorgen leben – das störte mich. Die Deutschen denken zuviel nach und stehen sich mit ihrer Perfektion selbst im Weg."

Grammar Summary of the Lektionen

Colour code:

Signal for inversion	Subject	Verb	Subject	Unstressed obligatory complement	*Angabe	Obligatory complement	Verb

Lektion 1

1. Possessive articles

① P. 160, 1

*Angabe = Additional information
(has no obligatory position in the structure of the sentence).

a) Nominative

		Masculine		Feminine		Neuter		Plural
		ein	Arzt	eine	Ärztin	ein	Buch	– Ärzte
ich		mein		meine		mein		meine
du		dein		deine		dein		deine
Sie		Ihr		Ihre		Ihr		Ihre
er	Das ist	sein	Arzt	seine	Ärztin	sein	Buch	Das sind	seine	Ärzte
sie		ihr		ihre		ihr		ihre
wir		unser		unsere		unser		unsere
ihr		euer		eure		euer		eure
sie		ihr		ihre		ihr		ihre

b) Accusative and Dative

Accusative:

	Masculine		Feminine		Neuter		Plural	
	einen	Arzt	eine	Ärztin	ein	Buch	–	Ärzte
	meinen		meine		mein		meine	
	deinen		deine		dein		deine	
	. . .		. . .		. . .		. . .	

Dative:

	Masculine		Feminine		Neuter		Plural	
	. . .		. . .		. . .		. . .	
	einem	Arzt	einer	Ärztin	einem	Buch	–	Ärzten
	meinem		meiner		meinem		meinen	
	deinem		deiner		deinem		deinen	

⚠️

er:	seine	Nase
sie:	ihre	Nase

2. Modal verbs

① P. 164, 3

a) In sentences

	rauchen	dürfen
Sport	treiben	sollen
schwimmen	gehen	wollen

	Herr M.	darf		nicht mehr			rauchen.
	Er	soll			Sport		treiben.
Jetzt		will	er		schwimmen		gehen.

b) Forms

	dürfen	sollen	wollen			dürfen	sollen	wollen
ich	darf	soll	will	wir		dürfen	sollen	wollen
du	darfst	sollst	willst	ihr		dürft	sollt	wollt
Sie	dürfen	sollen	wollen					
er/sie/es	darf	soll	will	sie		dürfen	sollen	wollen

3. Perfect tense

a) Forms

Was	hast	du	gemacht ?
Was	ist	denn	passiert ?

Perfect = haben / sein + *Past participle*

The perfect with haben

Infinitive		*Past participle*
machen		gemacht
spielen		gespielt
holen		geholt
arbeiten		gearbeitet
frühstücken		gefrühstückt
aufräumen	Ich habe	aufgeräumt
helfen		geholfen
trinken		getrunken
bringen		gebracht
schreien		geschrien
weh tun		weh getan

The perfect with sein

Infinitive		*Past participle*
fallen		gefallen
kommen		gekommen
fahren	Ich bin	gefahren
gehen		gegangen
aufstehen		aufgestanden
brechen	Es ist	gebrochen
passieren		passiert

b) Present and perfect tenses in sentences

Present

Perfect

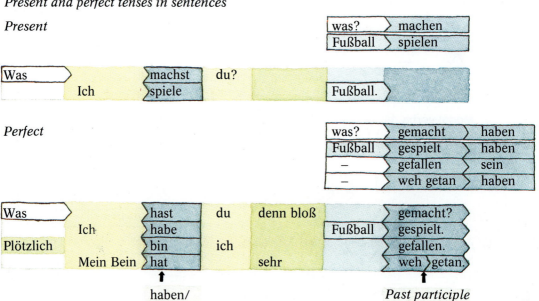

② P. 146, 3b

4. The perfect with haben or sein: Forms of the past participle

a) The perfect with haben

Ich habe gemacht

Ich habe geschlafen

1. with the prefix ge-:	**ge**		**(e)t**	with the prefix ge-:	**ge**		**en**
machen	ge	mach	t	schlafen*	ge	schlaf	en
wohnen	ge	wohn	t	finden	ge	fund	en
arbeiten	ge	arbeit	et	trinken	ge	trunk	en
mieten	ge	miet	et	schwimmen	ge	schwomm	en
				nehmen	ge	nomm	en
				schreien	ge	schri	en
				schreiben	ge	schrieb	en
				helfen	ge	holf	en
				sprechen	ge	sproch	en
				singen	ge	sung	en
				treffen	ge	troff	en

Similarly:
spielen, holen, suchen, frühstücken, heiraten, kaufen, lernen, lieben, kochen, lachen, sagen, haben, meinen, fragen, dauern

*Similarly: geben, essen, lesen, sehen

irregular:	**ge**		**t**	irregular:	**ge**		**en**
denken	ge	dach	t	stehen	ge	stand	en
bringen	ge	brach	t				

with separable prefix:		**ge**		**t**	with separable prefix:		**ge**		**en**
aufräumen	auf	ge	räum	t	anfangen	an	ge	fang	en
einkaufen	ein	ge	kauf	t	fernsehen	fern	ge	seh	en
					wehtun	weh	ge	ta	n

2. without the prefix ge-:		**t**	without the prefix ge-:		**en**
verteilen	verteil	t	gefallen	gefall	en
erleben	erleb	t	bekommen	bekomm	en
studieren	studier	t	vergessen	vergess	en
demonstrieren	demonstrier	t			

b) *The perfect with sein*

Es <u>ist passiert</u>   Ich <u>bin gefallen</u>

without the prefix <u>ge-:</u>		**t**	with the prefix <u>ge-:</u>	**ge**		**en**
passieren	passier	<u>t</u>	fallen	ge	fall	<u>en</u>
			fahren	ge	fahr	<u>en</u>
			kommen	ge	komm	<u>en</u>
			werden	ge	w<u>o</u>rd	<u>en</u>
			fliegen	ge	fl<u>o</u>g	<u>en</u>
			sein	ge	wes	<u>en</u>
			gehen	ge	<u>gang</u>	<u>en</u>
			sterben	ge	storben	<u>en</u>
				ge	bor	<u>en</u>

5. The imperfect (simple past) tense: haben, sein

ich	hatte	war
du	hattest	warst
Sie	hatten	waren
er/sie/es	hatte	war
wir	hatten	waren
ihr	hattet	wart
sie	hatten	waren

Millionen Menschen	<u>hatten</u>	keine Arbeit.	
Millionen Menschen	<u>haben</u>	keine Arbeit	<u>gehabt.</u>
Ich	<u>war</u>	in Italien.	
Ich	<u>bin</u>	in Italien	<u>gewesen.</u>

With the verbs sein and haben the imperfect (simple past) is often used instead of the perfect.

Lektion 2

1. Verbs and their complements in sentences:
Accusative complement + qualifying complement ① P. 161, 3

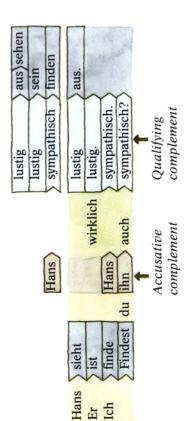

Hans	sieht	Hans		lustig	aus⟩sehen
Er	ist			lustig	sein
Ich	finde	Hans	wirklich	sympathisch	finden
Findest	du	ihn	auch	lustig	aus.
				lustig.	
				sympathisch.	
				sympathisch?	

Accusative complement   *Qualifying complement*

2. Article + Adjective + Noun

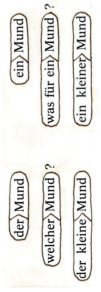

der⟩Mund   ein⟩Mund

welcher⟩Mund?   was für ein⟩Mund?

der kleine⟩Mund   ein kleiner⟩Mund

3. Words used as articles: dieser, mancher, jeder/alle ① P. 160, 2

Nominative			*Accusative*		
dies	er	Mann	dies	en	Mann
manch	e	Frau	manch	e	Frau
jed	es	Kind	jed	es	Kind
dies	e	Männer	dies	e	Männer
manch	e	Frauen	manch	e	Frauen
all	e	Kinder	all	e	Kinder

The words dieser, mancher, jeder/alle have the same forms as the definite article.

⚠ alle = *Plural of jeder*

4. Weak nouns (declined as adjectives)

	Definite article	*Indefinite article*
Nominative	der Arbeitslos e	ein Arbeitslos er
Accusative	den Arbeitslos en	einen Arbeitslos en
Dative	dem Arbeitslos en	einem Arbeitslos en
Plural	die Arbeitslos en	– Arbeitslos e

Similarly: der Beamt e, der Angestellt e

5. The future tense

ich werde	wir werden
du wirst	ihr werdet
Sie werden	sie werden
er/sie/es wird	

} + Infinitive

6. Summary: Article + Adjective + Noun

Nominative

Article	Adjective	Noun
der / dieser / jeder / mancher	kleine	Mann
ein / kein / mein / Ihr	kleiner	Mann
die / diese / jede / manche	kleine	Frau
eine / keine / meine / Ihre	kleine	Frau
das / dieses / jedes / manches	kleine	Kind
ein / kein / mein / Ihr	kleines	Kind

Accusative

Article	Adjective	Noun
den / diesen / jeden / manchen	kleinen	Mann
einen / keinen / meinen / Ihren	kleinen	Mann
die / diese / jede / manche	kleine	Frau
eine / keine / meine / Ihre	kleine	Frau
das / dieses / jedes / manches	kleine	Kind
ein / kein / mein / Ihr	kleines	Kind

Dative

Article	Adjective	Noun
dem / diesem / jedem / manchem	kleinen	Mann
einem / keinem / meinem / Ihrem	kleinen	Mann
der / dieser / jeder / mancher	kleinen	Frau
einer / keiner / meiner / Ihrer	kleinen	Frau
dem / diesem / jedem / manchem	kleinen	Kind
einem / keinem / meinem / Ihrem	kleinen	Kind

Plural: Nominative = Accusative

Article	Adjective	Noun
die / diese / alle / manche / keine / meine / Ihre	kleinen	Männer / Frauen / Kinder
–	kleine	Männer / Frauen / Kinder

Plural: Dative

Article	Adjective	Noun
den / diesen / allen / manchen / keinen / meinen / Ihren	kleinen	Männern / Frauen / Kindern
–	kleinen	Männern / Frauen / Kindern

Lektion 3

1. The imperfect (simple past) of modal verbs ② P. 145, 2

	wollen	sollen	können	dürfen	müssen
ich	wollte	sollte	konnte	durfte	mußte
du	wolltest	solltest	konntest	durftest	mußtest
Sie	wollten	sollten	konnten	durften	mußten
er/sie/es	wollte	sollte	konnte	durfte	mußte
wir	wollten	sollten	konnten	durften	mußten
ihr	wolltet	solltet	konntet	durftet	mußtet
sie	wollten	sollten	konnten	durften	mußten

ich – te   wir – ten
du – test   ihr – tet
Sie – ten   sie – ten
er – te

2. Subordinate clauses with subordinating conjunctions

a) Sentence structure:
main clause preceding
subordinate clause

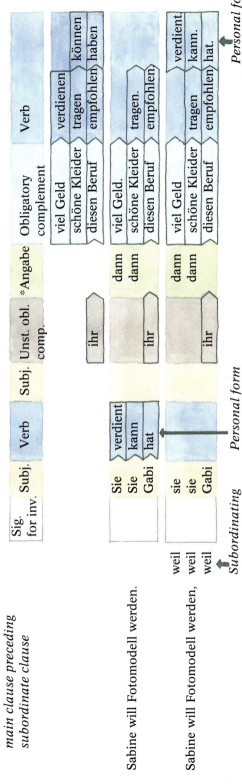

Sig. for inv.	Subj.	Verb	Unst. obl. comp.	Subj.	*Angabe	Obligatory complement	Verb

Sabine will Fotomodell werden.

	Sie	verdient				viel Geld.	
	Sie	kann	ihr		dann	schöne Kleider	tragen
	Gabi	hat	ihr		dann	diesen Beruf	empfohlen.

						viel Geld	verdienen
						schöne Kleider	tragen können
						diesen Beruf	empfohlen haben

Sabine will Fotomodell werden,

weil				sie		viel Geld	verdient.
weil			ihr	sie	dann	schöne Kleider	tragen kann.
weil			ihr	Gabi	dann	diesen Beruf	empfohlen hat.

Personal form in a main clause

Personal form in a subordinate clause

Subordinating conjunction

*Angabe = Additional information (has no obligatory position in the structure of the sentence).

b) Sentence structure: Subordinate clause preceding main clause

Weil	Sabine	später	viel Geld	verdienen will,	möchte	sie		gern	Fotomodell	werden.
Wenn	man		studieren will,	muß	man			das Abitur	machen.
Obwohl	Eva	heute	wenig Freizeit	hat,	findet	sie	diese Arbeit		sehr schön.

Subordinate clause = Signal for inversion

3. Co-ordinating and subordinating conjunctions

Co-ordinating conjunctions

deshalb
also
trotzdem
dann

+ Main clause with inversion
(Co-ordinating conjunction = Additional information)

und
oder
aber
denn

+ Main clause without inversion
(Co-ordinating conjunction not used as additional information)

Subordinating conjunctions

weil
obwohl
wenn

+ Subordinate clause

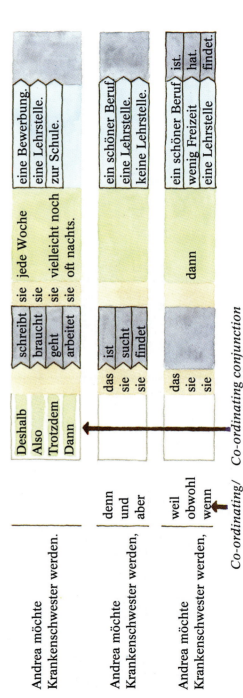

Deshalb	schreibt	sie jede Woche eine Bewerbung.
Also	braucht	sie eine Lehrstelle.
Trotzdem	geht	sie vielleicht noch zur Schule.
Dann	arbeitet	sie oft nachts.

das	ist	ein schöner Beruf.
sie	sucht	eine Lehrstelle.
sie	findet	keine Lehrstelle.

das		ein schöner Beruf ist.
sie	dann	wenig Freizeit hat.
sie		eine Lehrstelle findet.

Andrea möchte
Krankenschwester werden.

denn
und
aber

Co-ordinating conjunction (= Additional information)

Andrea möchte
Krankenschwester werden,

Andrea möchte
Krankenschwester werden,

weil
obwohl
wenn

Co-ordinating/Subordinating conjunction

Lektion 4

1a. Verbs with a prepositional complement

für ... (Acc.)
sprechen
streiken
brauchen
demonstrieren
sein
sparen
ausgeben

sich für (Acc.)
interessieren

über ... (Acc.)
lachen
nachdenken
sprechen
schimpfen
berichten

sich über (Acc.)
aufregen
ärgern
beschweren
freuen
unterhalten

gegen ... (Acc.)
sein
etwas haben
streiken
demonstrieren

von ... (Dat.)
sprechen
erzählen

an ... (Acc.)
denken

an ... (Dat.)
kritisieren
finden

nach .. (Dat.)
fragen

zwischen ... (Dat.)
wählen

sich zwischen (Dat.)
entscheiden

zu ... (Dat.)
sagen
brauchen
gehören

auf ... (Acc.)
warten
reagieren
steigen

sich auf (Acc.)
freuen

mit ... (Dat.)
spielen
vergleichen
(zusammen) wohnen
zusammenarbeiten
unterhalten

sich mit (Dat.)
unterhalten

1b. Reflexive verbs with a prepositional complement

			Reflexive pronoun		Prepositional complement	
Worüber	S. Ohlsen	ärgert	sich	immer	über den Moderator	ärgern
		ärgerst	dich	am meisten?	worüber?	interessieren
Ich		ärgere	mich	am meisten	über den Moderator	ärgern
Wofür	Sie	interessieren	sich	besonders?	wofür? / über die Sendezeit	interessieren
Ich		interessiere	mich	besonders	für Kultur	interessieren

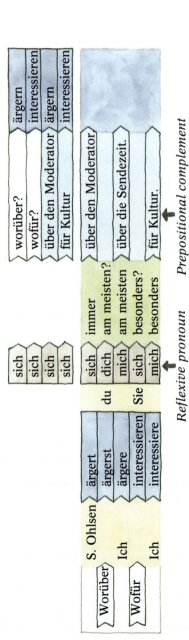

2. Pronouns in the accusative

Reflexive pronoun in the accusative: mich dich sich uns euch sich

Personal pronoun in the accusative: mich dich ihn/sie/es uns euch sie

(i) P. 169, 6

⚠ Er ärgert sich. ≠ Er ärgert ihn.

3. Question words and pronoun: wofür? – dafür

a) In sentences

Wofür		interessierst	du	dich?	wofür?	interessieren
		Interessierst	du	dich	für Politik?	interessieren
	Ich	interessiere	mich	dafür.		interessieren
Dafür	Sabine	interessiert	sich	nicht.	für Politik?	
			sich	auch nicht	dafür.	

b) Forms

Question word: wo(r) + *Preposition* → worauf, worüber, wofür, wonach

Pronoun: da(r) + *Preposition* → darauf, darüber, dafür, danach

⚠ *With people:*
Preposition + Question word
Für wen interessierst du dich?

4. The conditional tense

a) In sentences  ② P. 152, 2b

Wenn du mit mir gehen würdest, dann würde ich immer bei dir sein.

Wenn du mich verstehen würdest, dann wärst du nie mehr allein.

(Aber leider gehst du nicht mit mir,
deshalb bin ich nicht bei dir.)
(Aber leider verstehst du mich nicht,
deshalb bist du jetzt allein.)

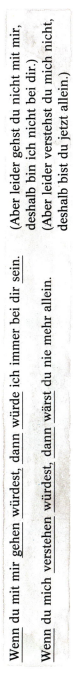

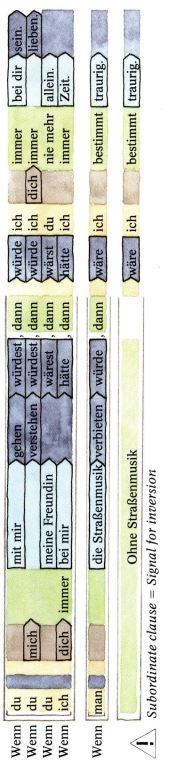

Wenn	du	mit mir	gehen	würdest,	dann	würde	ich		immer	bei dir	sein.
Wenn	du		verstehen	würdest,	dann	würde	ich	dich	immer		lieben.
Wenn	du	meine Freundin		wärst,	dann	wärst	du		nie mehr	allein.
Wenn	ich	bei mir	immer	hätte,	dann	hätte	ich		immer		Zeit.

| Wenn | man | die Straßenmusik | verbieten | würde | , dann | wäre | ich | | bestimmt | traurig. |

| | | Ohne Straßenmusik | | | | wäre | ich | | bestimmt | traurig. |

⚠ *Subordinate clause = Signal for inversion*

b) Forms

	kommen		sein	haben	wollen	sollen
ich	würde	kommen	wäre	hätte	wollte	sollte
du	würdest	kommen	wärst	hättest	wolltest	solltest
Sie	würden	kommen	wären	hätten	wollten	sollten
er/sie/es	würde	kommen	wäre	hätte	wollte	sollte
wir	würden	kommen	wären	hätten	wollten	sollten
ihr	würdet	kommen	wärt	hättet	wolltet	solltet
sie	würden	kommen	wären	hätten	wollten	sollten

	können	dürfen	müssen
könnte	dürfte	müßte
könntest	dürftest	müßtest
könnten	dürften	müßten
könnte	dürfte	müßte
könnten	dürften	müßten
könntet	dürftet	müßtet
könnten	dürften	müßten

⚠ *Imperfect (simple past):* ich

kommen	sein	haben	wollen	sollen	können	dürfen	müssen
	war	hatte	wollte	sollte	konnte	durfte	mußte

Lektion 5

1. Comparison

① P. 166, 4a + b

a) *Adjective alone (= Qualifying complement)*

Der Peugeot ist	schnell.		
Der Polo	ist	schneller	als der Peugeot.
Der Corsa	ist	am schnellsten	von allen Autos

Der Peugeot ist	schnell.	
Der Peugeot ist	sehr schnell.	
Der Peugeot ist genauso schnell		wie der Nissan.
Der Peugeot ist nicht so schnell		wie der Polo.
Der Polo	ist	schneller	als der Peugeot.
Der Corsa	ist	viel schneller	als der Peugeot.
Der Corsa	ist	am schnellsten.	
Der Corsa	ist	am schnellsten von allen Autos.	

② P. 151, 2a

b) *Article + Adjective (= attributive) + Noun (= Implied complement)*

Der Peugeot ist	ein	schnelles	Auto	
Der Polo	ist	ein	schnelleres	Auto	als der Peugeot.
Der Corsa	ist	das	schnellste	Auto	von allen.
Der Corsa	ist	das	schnellste		von allen Autos

Der Peugeot ist ein	schnelles	Auto.	
Der Peugeot ist ein	sehr schnelles	Auto.	
Der Peugeot ist ein genauso schnelles	Auto	wie der Nissan.
Der Peugeot ist ein nicht so schnelles	Auto	wie der Polo.
Der Polo	ist ein	schnelleres Auto	als der Peugeot.
Der Corsa	ist ein	viel schnelleres Auto	als der Peugeot.
Der Corsa	ist das	schnellste Auto.	
Der Corsa	ist das	schnellste	von allen Autos.

c) *Forms of comparison in sentences*

Der Peugeot ist	wirklich	genauso schnell	wie der Fiesta.
Der Polo	ist	wirklich	schneller	als der Peugeot.
Der Polo	ist	wirklich	ein schnelleres Auto	als der Peugeot.

wie, als = Preposition

Der Peugeot	ist	wirklich	genauso schnell,	wie	man	mir gestern	gesagt	hat.
Der Polo	ist	wirklich	schneller,	als	man	mir gestern	gesagt	hat.
Der Polo	ist	wirklich	ein schnelleres Auto,	als	man	mir gestern	gesagt	hat.

Subordinate clause:
wie, als = Subordinating conjunction

⚠ genauso . . . <u>wie</u>

2. The passive

a) In sentences

Der Motor	wird			zum Schluß		geprüft	werden
Zum Schluß	wird				der Motor	geprüft.	
					der Motor	geprüft.	

Passive: der Motor = *Subject*

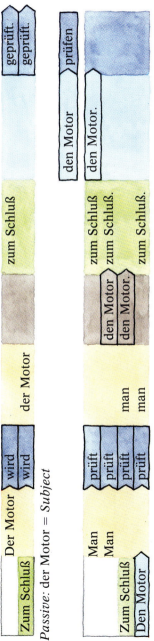

Man	prüft		den Motor		zum Schluß		prüfen
Man	prüft		den Motor		zum Schluß.		
Zum Schluß	prüft	man	den Motor.		zum Schluß.		
Den Motor	prüft	man			zum Schluß.		

Active: den Motor = *Accusative complement*

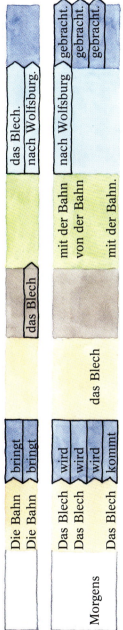

Die Bahn	bringt		das Blech		mit der Bahn	das Blech.	gebracht.
Die Bahn	bringt		das Blech		von der Bahn	nach Wolfsburg.	gebracht.
Das Blech	wird				mit der Bahn	nach Wolfsburg	gebracht.
Morgens	kommt	Das Blech			mit der Bahn.		

Subject in the active → Angabe in the passive

b) Forms

ich	werde	geholt		wir	werden	geholt
du	wirst	geholt		ihr	werdet	geholt
Sie	werden	geholt		sie	werden	geholt
er/sie/es	wird	geholt				

Passive =
werden + *Past participle*

⚠ werden ≠ werden:

1. Peter wird Lehrer.
werden + *Noun* =
Implied complement

2. Der Motor wird lauter.
werden + *Adjective* =
Qualifying complement

3. Der Motor wird geprüft.
werden + *Past participle* =
Passive

4. Sabine würde kommen.
würde + *Infinitive* =
The conditional

Lektion 6

1. Infinitive clauses: The infinitive with „zu"

① P. 164, 3a

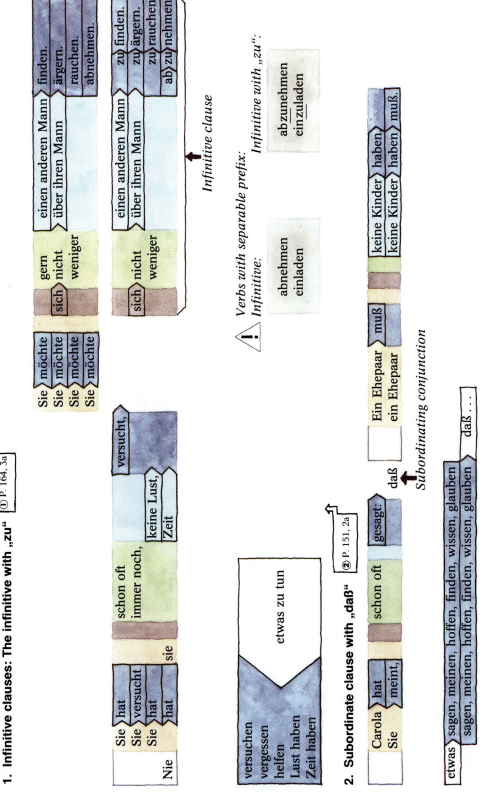

Sie	möchte		gern	einen anderen Mann	finden.
Sie	möchte	sich	nicht	über ihren Mann	ärgern.
Sie	möchte		weniger		rauchen.
Sie	möchte				abnehmen.

Sie	möchte			einen anderen Mann	zu finden.
Sie	möchte	sich	nicht	über ihren Mann	zu ärgern.
Sie	möchte		weniger		zu rauchen.
Sie	möchte				ab zu nehmen.

Infinitive clause

Verbs with separable prefix:

Infinitive:
abnehmen
einladen

Infinitive with „zu":
abzunehmen
einzuladen

Sie	hat	schon oft		keine Lust,	versucht,
Sie	versucht	immer noch,		Zeit	
Sie	hat		sie		
Nie	hat		sie		

versuchen
vergessen
helfen
Lust haben
Zeit haben

etwas zu tun

2. Subordinate clause with „daß"

② P. 151, 2a

Carola	hat	schon oft	gesagt:
Sie	meint,		

daß

Subordinating conjunction

Ein Ehepaar	muß	keine Kinder	haben
ein Ehepaar		keine Kinder	haben muß.

etwas | sagen, meinen, hoffen, finden, wissen, glauben | daß . . .

3. The imperfect (simple past) tense (Präteritum)

a) Forms

Weak verbs

	Present	Imperfect (simple past)	
ich	sage	sagte	-te
du	sagst	sagtest	-test
Sie	sagen	sagten	-ten
er/sie/es	sagt	sagte	-te
wir	sagen	sagten	-ten
ihr	sagt	sagtet	-tet
sie	sagen	sagten	-ten

Past participle: gesagt

Strong verbs

	Present	Imperfect (simple past)	
ich	komme	kam	-
du	kommst	kamst	-st
Sie	kommen	kamen	-en
er/sie/es	kommt	kam	-
wir	kommen	kamen	-en
ihr	kommt	kamt	-t
sie	kommen	kamen	-en

Past participle: gekommen

⚠ *Weak verbs ending with* -ten, -den:

arbeiten → ich arbeitete
baden → ich badete

Strong verbs (see list on P. 166)

② P. 146, 3a / 147–8, 4 + 5

Infinitive	3rd Pers. Sg. Present	3rd Pers. Sg. Imperfect (simple past)	Past participle
fahren	fährt	fuhr	gefahren
tragen	trägt	trug	getragen
anfangen	fängt an	fing an	angefangen
schlafen	schläft	schlief	geschlafen
laufen	läuft	lief	gelaufen
helfen	hilft	half	geholfen
sehen	sieht	sah	gesehen
essen	ißt	aß	gegessen
finden	findet	fand	gefunden
fliegen	fliegt	flog	geflogen
schneiden	schneidet	schnitt	geschnitten
schreiben	schreibt	schrieb	geschrieben
kommen	kommt	kam	gekommen
gehen	geht	ging	gegangen
stehen	steht	stand	gestanden
tun	tut	tat	getan

Mixed forms (ending as for weak verbs) (see list on P. 166)

denken	denkt	dachte	gedacht
bringen	bringt	brachte	gebracht
kennen	kennt	kannte	gekannt
wissen	weiß	wußte	gewußt

b) In sentences

Als Maria zwei Jahre alt war,	**starb**		ihr Vater.
Ihre Mutter	**vergaß**	ihren Mann	nie.
Sie	**starb,**		
als Maria 14 Jahre alt war.			
Maria	**lebte**	dann	bei ihrem Großvater.
Mit 17	**heiratete**	sie.	

> **!** als ≠ als:
> Sie ist älter,
> als ich geglaubt habe.
> Maria war zwei Jahre alt,
> als ihr Vater starb.

4a. The genitive   ① P. 170, 3

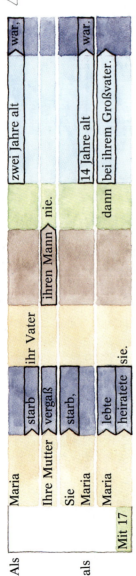

Ulrike ist	(die Mutter)
Ingeborg ist	(die Groß)mutter)

(wessen) Mutter) ?

Ulrike ist	(Sandras) Mutter)
Ingeborg ist	(die Mutter) der Mutter)

der Vater	des kleinen Mannes
	der kleinen Frau
	des kleinen Kindes
	der kleinen Kinder

der Vater	eines kleinen Mannes
	einer kleinen Frau
	eines kleinen Kindes
	– kleiner Kinder*

*Without an adjective:
der Vater von Kindern

> **!** *Spoken language:*
> der Vater   von dem Mann
>   von der Frau . . .

4b. Prepositions with the genitive:
„trotz", „während", „wegen"

> **!** *Masculine nouns with -(e)n in the plural have -(e)n in all forms except nominative singular.*
>
> *Similarly: Friede, Name, Tourist . . .*
>
> *cf. also: Weak nouns (declined as adjectives) (P. 149, 4)*

5. Nouns with special forms: Weak masculine nouns   ② P. 149, 4

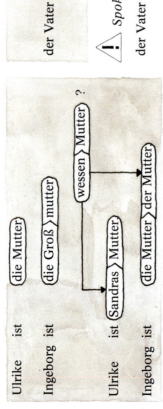

Singular				
Nominative	der	Mensch	Kollege	Herr
Accusative	den	Menschen	Kollegen	Herrn
Dative	dem	Menschen	Kollegen	Herrn
Genitive	des	Menschen	Kollegen	Herrn

Plural				
Nominative	die	Menschen	Kollegen	Herren
Accusative	die	Menschen	Kollegen	Herren
Dative	den	Menschen	Kollegen	Herren
Genitive	der	Menschen	Kollegen	Herren

Lektion 7

1. Constructions with „es"

es = Personal pronoun

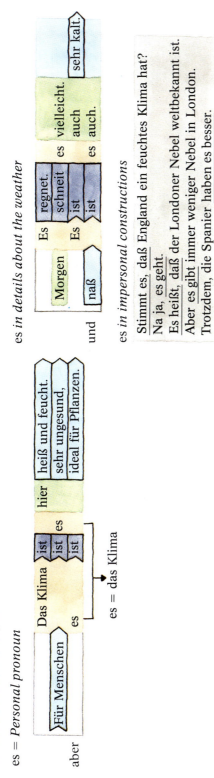

Für Menschen | es | | hier | heiß und feucht.
Das Klima | | ist | | sehr ungesund,
| | ist | | ideal für Pflanzen.
| | ist | |

aber   es

es = das Klima

es in details about the weather

Morgen | Es | ist | es | vielleicht.
| | ist | | auch.
und | naß | Es | regnet. | es | auch.
| | schneit |
sehr kalt.

es in impersonal constructions

Stimmt es, daß England ein feuchtes Klima hat?
Na ja, es geht.
Es heißt, daß der Londoner Nebel weltbekannt ist.
Aber es gibt immer weniger Nebel in London.
Trotzdem, die Spanier haben es besser.

2. Expressions of time in the accusative

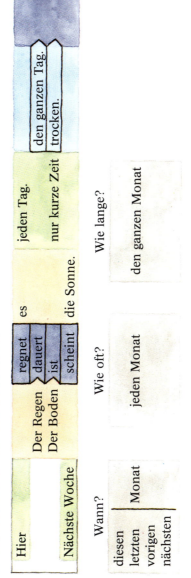

Hier | | regnet | es | jeden Tag.
Der Regen | dauert | | nur kurze Zeit
Der Boden | ist | | den ganzen Tag.
Nächste Woche | scheint | die Sonne. | trocken.

Wann? | Wie oft? | Wie lange?

diesen
letzten
vorigen | Monat
nächsten

jeden Monat

den ganzen Monat

3. Relative pronouns

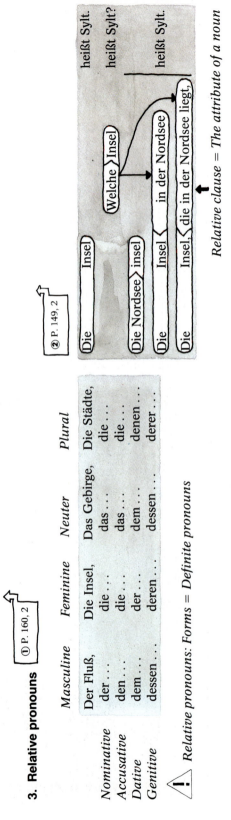

① P. 160, 2

② P. 149, 2

	Masculine	Feminine	Neuter	Plural
Nominative	Der Fluß,	Die Insel,	Das Gebirge,	Die Städte,
	der . . .	die . . .	das . . .	die . . .
Accusative	den . . .	die . . .	das . . .	die . . .
Dative	dem . . .	der . . .	dem . . .	denen . . .
Genitive	dessen . . .	deren . . .	dessen . . .	derer . . .

⚠ *Relative pronouns: Forms = Definite pronouns*

Die ⟩ Insel ... heißt Sylt.
Welche ⟩ Insel ... heißt Sylt?
Die Nordsee ⟩ insel ... heißt Sylt?
Die ⟩ Insel ⟨ in der Nordsee ... heißt Sylt.
Die ⟩ Insel, ⟨ die in der Nordsee liegt,

Relative clause = The attribute of a noun

4. The subordinate clause: Relative clause

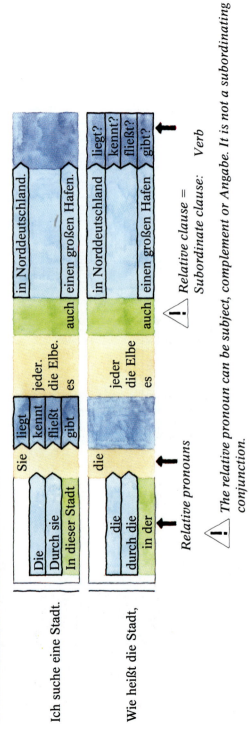

Ich suche eine Stadt.

Die	Sie		liegt	jeder.			in Norddeutschland.
Durch sie		kennt	die Elbe.	auch	einen großen Hafen.
In dieser Stadt		fließt			
		gibt	es		

Wie heißt die Stadt,

die		liegt?	jeder		in Norddeutschland
durch die	die	kennt?	die Elbe	auch	einen großen Hafen?
in der		fließt?			
		gibt?	es		

Relative pronouns

Relative clause = Subordinate clause: Verb

⚠ *The relative pronoun can be subject, complement or Angabe. It is not a subordinating conjunction.*

Lektion 8

1. „lassen"

② P. 145, 2a

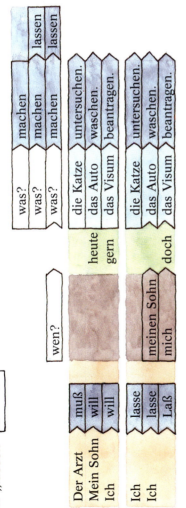

		wen?		was?	
Der Arzt	muß			die Katze	machen lassen
Mein Sohn	will			das Auto	machen lassen
Ich	will			das Visum	machen lassen

				was?	
Ich	lasse		heute	die Katze	untersuchen.
Ich	lasse		gern	das Auto	waschen.
				das Visum	beantragen.

				was?	
Ich	lasse	meinen Sohn		die Katze	untersuchen.
Ich	Laß	mich	doch	das Auto	waschen.
				das Visum	beantragen.

 lassen: 3 meanings:

1. Ich lasse die Katze untersuchen.
   (I cannot/am not allowed to/will not examine the cat myself. I therefore want the vet to examine the cat.)

2. Ich lasse meinen Sohn das Auto waschen.
   (I am agreeable to my son washing the car.)

3. Laß mich das Visum beantragen.
   (I should be glad to apply for the visa for you. In the meantime you could be doing something else.)

2. „zum" + Infinitive as complement

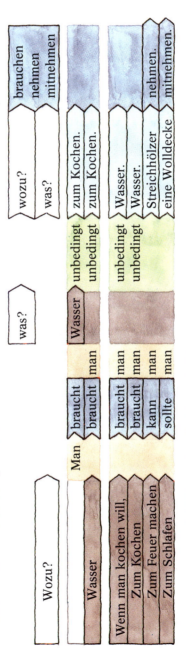

Wozu?		was?	wozu?	was?
Wasser	Man braucht	Wasser	unbedingt	zum Kochen. brauchen
	man braucht		unbedingt	zum Kochen. nehmen / mitnehmen

			was?	
Wenn man kochen will,	braucht man	unbedingt	Wasser.	
Zum Kochen	braucht man	unbedingt	Wasser.	
Zum Feuer machen	kann man		Streichhölzer	nehmen.
Zum Schlafen	sollte man		eine Wolldecke	mitnehmen.

Compare:

Wenn man in der Sahara ist,	braucht
In der Sahara	man
Wenn man kochen will,	Wasser.
Zum Kochen	

 Zum Kochen:

The infinitive starts with a capital letter!

3. The subordinate clause: Indirect questions

a) With a question word

Direct questions ① P. 156, 1d ② P. 151, 2a

Sabine möchte wissen:

Was	muß	ich	auf die Reise	mitnehmen?
Wann	kommt	die Klasse		an?
Wie lange	dauert	die Fahrt?		
Warum	wohnt	die Klasse	in Konya	bei Gastfamilien?

Indirect questions

Sabine möchte wissen,

was	sie	auf die Reise	mitnehmen	muß.
wann	die Klasse			ankommt.
wie lange	die Fahrt			dauert.
warum	die Klasse	in Konya	bei Gastfamilien	wohnt.

Indirect question = Subordinate clause: Verb

b) With a subordinating conjunction

Direct questions ① P. 156, 1b ② P. 158, 2

Sabine möchte wissen:

Ist	Konya	wohl	eine große Stadt?
Sprechen	viele Türken		deutsch?

Indirect questions

Sabine möchte wissen,

ob	Konya	wohl	eine große Stadt	ist.
ob	viele Türken		deutsch	sprechen.

Subordinating conjunction

Indirect question = Subordinate clause: Verb

Compare:

fragen nicht wissen wissen mögen überlegen vergessen	wer/was/wen/wem ... wann/wo/warum/wie lange ... wie ... ob ...

Ich weiß nicht,   ob er kommt.
Ich habe vergessen,   ob sie blond ist.

nicht wissen nicht verstehen können vergessen	daß...

Ich habe nicht gewußt,   daß er kommt.
Ich habe vergessen,   daß sie blond ist.

4. Infinitive clauses: Infinitive with „um zu" / Subordinate clauses with „damit"

② P. 158, 1 + 2

Main clauses

Familie Neudel will auswandern.

Sie	will	in Paraguay	freier	leben.
Sie	will	dort	Land	kaufen.
Herr Neudel	will	bei dieser Firma		arbeiten.
Er	will		mehr	verdienen.
Frau Neudel	möchte	auch	eine Stelle	bekommen.

Subordinate clauses with subordinating conjunctions

Familie Neudel will auswandern,

damit	Herr Neudel	bei dieser Firma		arbeiten	kann.
damit	Herr Neudel		mehr		verdient.
damit	Frau Neudel	auch	eine Stelle		bekommt.

Infinitive clauses with um zu

Familie Neudel will auswandern,

um	in Paraguay	freier	zu leben.
um	dort	Land	zu kaufen.

etwas	wozu?	machen

etwas		um zu . . .
	machen,	damit . . .

! *Compare:*

Familie Neudel will auswandern.

denn	sie will	freier		leben.
weil	sie	freier	leben	will.
um		freier	zu leben.	

Subject: Familie Neudel

Familie Neudel will auswandern,

denn	Herr Neudel verdient	dann	mehr.
weil	er	dann mehr	verdient.
damit	er	mehr	verdient.

Subject: Herr Neudel

„Um . . . zu" is only possible if the main clause and the infinitive clause have the same subject.

5. Negation

① P. 160, 1

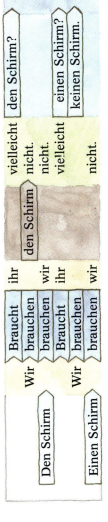

	Braucht	ihr		vielleicht	den Schirm?
Wir	brauchen		den Schirm	vielleicht	nicht.
Den Schirm	brauchen	wir		vielleicht	nicht.
	Braucht	ihr		vielleicht	einen Schirm?
Wir	brauchen				keinen Schirm.
Einen Schirm	brauchen	wir			nicht.

! *Negation of the definite article:*

. . . den . . . nicht

Negation of the indefinite article:

. . . keinen . . .

With inversion:

. . . einen . . . nicht

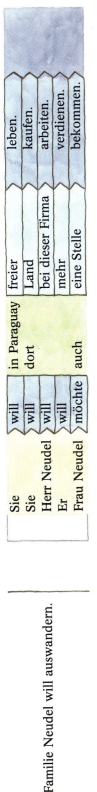

The principal parts of strong and mixed verbs (see P. 159)

Infinitive	3rd Pers. Sg. Present	3rd Pers. Sg. Imperfect (simple past)	Past participle
anfangen	fängt an	fing an	angefangen
backen	bäckt	buk (backte)	gebacken
beginnen	beginnt	begann	begonnen
bekommen	bekommt	bekam	bekommen
bewerben	bewirbt	bewarb	beworben
bieten	bietet	bot	geboten
bleiben	bleibt	blieb	geblieben
braten	brät	briet	gebraten
brechen	bricht	brach	gebrochen
brennen	brennt	brannte	gebrannt
bringen	bringt	brachte	gebracht
denken	denkt	dachte	gedacht
empfehlen	empfiehlt	empfahl	empfohlen
einladen	lädt ein	lud ein	eingeladen
essen	ißt	aß	gegessen
fahren	fährt	fuhr	gefahren
fallen	fällt	fiel	gefallen
finden	findet	fand	gefunden
fliegen	fliegt	flog	geflogen
fließen	fließt	floß	geflossen
geben	gibt	gab	gegeben
gefallen	gefällt	gefiel	gefallen
gehen	geht	ging	gegangen
genießen	genießt	genoß	genossen
gewinnen	gewinnt	gewann	gewonnen
gießen	gießt	goß	gegossen
haben	hat	hatte	gehabt
halten	hält	hielt	gehalten
heben	hebt	hob	gehoben
heißen	heißt	hieß	geheißen
helfen	hilft	half	geholfen
kennen	kennt	kannte	gekannt
kommen	kommt	kam	gekommen
lassen	läßt	ließ	gelassen
laufen	läuft	lief	gelaufen
lesen	liest	las	gelesen
liegen	liegt	lag	gelegen
lügen	lügt	log	gelogen
nehmen	nimmt	nahm	genommen
nennen	nennt	nannte	genannt
raten	rät	riet	geraten
rufen	ruft	rief	gerufen
scheinen	scheint	schien	geschienen
schießen	schießt	schoß	geschossen
schlafen	schläft	schlief	geschlafen
schlagen	schlägt	schlug	geschlagen
schließen	schließt	schloß	geschlossen
schneiden	schneidet	schnitt	geschnitten
schreiben	schreibt	schrieb	geschrieben
schreien	schreit	schrie	geschrie(e)n
schweigen	schweigt	schwieg	geschwiegen
schwimmen	schwimmt	schwamm	geschwommen
sehen	sieht	sah	gesehen
sein	ist	war	gewesen
singen	singt	sang	gesungen
sitzen	sitzt	saß	gesessen
sprechen	spricht	sprach	gesprochen
springen	springt	sprang	gesprungen
stehen	steht	stand	gestanden
stehlen	stiehlt	stahl	gestohlen
steigen	steigt	stieg	gestiegen
streiten	streitet	stritt	gestritten
tragen	trägt	trug	getragen
treffen	trifft	traf	getroffen
treiben	treibt	trieb	getrieben
tun	tut	tat	getan
vergessen	vergißt	vergaß	vergessen
verlieren	verliert	verlor	verloren
wachsen	wächst	wuchs	gewachsen
waschen	wäscht	wusch	gewaschen
werden	wird	wurde	geworden
werfen	wirft	warf	geworfen
wiegen	wiegt	wog	gewogen
wissen	weiß	wußte	gewußt
ziehen	zieht	zog	gezogen

Vocabulary List

The list below shows, in alphabetical order with English translations, vocabulary items occurring in all sections of this book except the passages intended for gist-reading at the end of each Lektion.

Each entry shows the page where the item first appears. Where the item is used in clearly distinct senses, the first occurrence of each separate meaning is shown. Words which appeared in Level 1 are not in general listed again here unless they have a different or additional meaning. Also omitted are certain particles which cannot be translated literally and are therefore best explained within their colloquial context by the teacher.

Irregular verbs are marked with an asterisk. (Their principal parts are shown in the list on P. 166.)

A

die **Abendschule, -n** evening class P. 51
abends in the evening P. 6
der **Abflug, ¨-e** departure P. 86
das **Abgas, -e** waste gas P. 122
abholen to fetch P. 29
das **Abitur** school-leaving examination P. 45
der **Abiturient, -en/die Abiturientin, -nen** candidate for the „Abitur" P. 45
abnehmen* to lose weight P. 94
die **Abrechnung, -en** statement P. 87
abschleppen to tow away P. 79
abschließen* to arrange P. 128
die **Abschlußprüfung, -en** P. 51
das **Abschlußzeugnis, -se** school-leaving certificate P. 45
die **Abteilung, -en** department P. 86
der **Abzug, ¨-e** deduction P. 87
ach oh P. 69
das **Adjektiv, -e** adjective P. 31
aggressiv aggressive P. 66
ähnlich similar P. 69
der **Akademiker, -/die Akademikerin, -nen** academic P. 48
aktiv active P. 94
aktuell current, topical P. 60
alle all P. 31
allein alone P. 52
allmählich gradually P. 71
der **Alltagstrott** everyday routine P. 70
die **Alpen** (pl.) Alps P. 111
als (i) than P. 48; (ii) when P. 88
also (i) well P. 20; (ii) therefore P. 34
das **Altersheim, -e** old people's home P. 102
das **Altglas** used glass P. 123
das **Altöl** waste oil P. 123
die **Aluminiumfolie, -n** aluminium foil P. 132
das **Amt, ¨-er** government office P. 86
die **Analyse, -n** analysis P. 60
anders different P. 94
anderthalb one and a half P. 139
der **Anfang, ¨-e** beginning P. 97
die **Angabe, -n** detail P. 62
angeblich allegedly P. 71
das **Angebot, -e** offer P. 53
angenehm pleasant P. 32
der **Angst, ¨-e** fear P. 41
ankommen* to arrive P. 29
anmachen to switch on P. 63
anmelden to register P. 71
annehmen* to accept P. 53
anrufen* to phone up, ring up P. 9

die **Anschaffung, -en** acquisition P. 97
ansein* to be switched on P. 80
anstrengend tiring P. 14
die **Antarktis** Antarctic P. 132
die **Antwort, -en** reply P. 48
der **Antwortbrief, -e** letter of reply P. 48
anziehen* to wear P. 27
der **Anzug, ¨-e** suit P. 27
die **Apotheke, -n** chemist (dispensing) P. 128
der **April** April P. 51
der **Arbeiter, -/die Arbeiterin, -nen** worker P. 87
das **Arbeiterviertel, -** working-class district P. 135
der **Arbeitgeber, -** employer P. 9
der **Arbeitnehmer, -/die Arbeitnehmerin -nen** employee P. 9
der **Arbeitnehmerhaushalt, -e** employee's household P. 87
das **Arbeitsamt, ¨-er** job centre P. 33
die **Arbeitsatmosphäre** working atmosphere P. 50
die **Arbeitserlaubnis** work permit P. 142
der **Arbeitskollege, -n/die Arbeitskollegin, -nen** work colleague P. 31
der **Arbeitslohn, ¨-e** charges P. 81
arbeitslos unemployed P. 33
der/ **Arbeitslose, -n (ein Arbeitsloser)**
die unemployed person P. 33
das **Arbeitslosengeld** unemployment benefit P. 33
die **Arbeitslosenversicherung** unemployment insurance, contribution P. 87
die **Arbeitslosigkeit** unemployment P. 141
der **Arbeitsort, -e** place of work P. 52
der **Arbeitsplatz, ¨-e** position, employment P. 49
der **Arbeitstag, -e** working day P. 88
arbeitsunfähig unfit for work P. I
die **Arbeitszeit, -en** working hours P. 44
ARD (= **Arbeitsgemeinschaft der Rundfunkanstalten Deutschlands**) Syndicate of German Broadcasting Stations P. 60
der **Ärger** trouble P. 79
ärgern (i) to annoy P. 33; (ii) (refl.) to become annoyed P. 62
arm poor P. 135
der **Arm, -e** P. 2
die **Art, -en** form P. 136
die **Asphaltkarriere, -n** career as a street artist P. 70
die **Asphaltkunst** street art P. 70

der **Atlantik** Atlantic P. 60
die **Atmosphäre** atmosphere P. 136
attraktiv attractive P. 19
die **Aufenthaltserlaubnis** residence permit P. 139
die **Aufgabe, -n** duty P. 51
aufhören to stop P. 46
aufmachen to open P. 80
aufnehmen* to photograph P. 60
aufpassen auf (+ Acc.) to pay attention to P. 105
aufregen to become upset P. 70
aufschreiben* to write a prescription for P. 13
das **Auge, -n** eye P. 2
ausbilden to train P. 88
die **Ausbildung, -en** training P. 43
der **Ausflug, ¨-e** excursion P. 112
der **Ausgang, ¨-e** exit P. 29
ausgeben* to spend P. 87
ausgezeichnet excellent P. 50
die **Auskunft, ¨-e** information P. 141
das **Ausland** foreign country, abroad P. 41
der **Ausländer, -/die Ausländerin, -nen** foreigner P. 139
das **Ausländerkind, -er** foreign child P. 134
ausländisch foreign P. 134
das **Auslandsjournal** foreign journal P. 60
ausmachen to switch off P. 96
auspacken to unpack P. 70
ausreichend fairly good P. 45
ausruhen (refl.) to have a rest P. 70
die **Aussage, -n** statement P. 55
aussehen* to look, appear P. 3
das **Aussehen** appearance P. 33
außerdem moreover P. 48
aussteigen* to get out, miss out P. 139
aussuchen to choose P. 46
die **Auswanderer-Welle, -n** surge of emigrants P. 141
der **Auswanderer, -** emigrant P. 141
auswandern to emigrate P. 139
die **Auswanderung** emigration P. 142
der **Ausweis, -e** identity card P. 128
auszahlen to pay out P. 87
ausziehen* to move out P. 103
das **Autoblech** sheet metal for cars P. 86
Autoelektroteil, -e car electrics P. 86
die **Autofabrik, -en** car factory P. 86
das **Autogeschäft, -e** car salesroom P. 86
die **Autoindustrie** car industry P. 86
der **Automechaniker, -** car mechanic P. 43
der **Autor, -en** author P. 75

der **Autoreifen, -** car tyre *P. 86*
die **Autoteilfabrik, -en** car parts factory *P. 86*
die **Autoversicherung, -en** car insurance *P. 86*
die **Autowerkstatt, ˝-en** car repair garage *P. 43*

B

das **Baby, -s** baby *P. 97*
der **Babysitter, -** babysitter *P. 32*
der **Bäckermeister, -** qualified baker *P. 141*
baden to bathe *P. 112*
das **Badezimmer, -** bathroom *P. 33*
der **Bahnsteig, -e** station platform *P. 29*
bald soon *P. 97*
der/ **Bankangestellte, -n** bank
die   employee *P. 23*
das **Bankkonto, -konten** bank account *P. 88*
der **Bart, ˝-** beard *P. 70*
der **Bauch, ˝-e** stomach *P. 2*
die **Bauchschmerzen** (pl) stomach-ache *P. 3*
bauen to build *P. 139*
der **Baum, ˝-e** tree *P. 110*
Bayern Bavaria *P. 60*
der **Beamte, -n,** die **Beamtin, -nen (ein Beamter)** official *P. 33*
beantragen to apply for *P. 71*
befriedigend satisfactory *P. 45*
beginnen* to begin *P. 70*
die **Begrüßung, -en** greeting *P. 136*
die **Behörde, -n** (local) authorities *P. 86*
bei with *P. 113*
das **Bein, -e** leg *P. 2*
der **Beitrag, ˝-e** contribution *P. 60*
bekam (→ bekommen)
bekommen* to get, have, receive *P. 102*
bekannt familiar *P. 60*
die **Bemerkung, -en** remark *P. 60*
das **Benzin** petrol *P. 78*
der **Benzinverbrauch** petrol consumption *P. 78*
der **Bericht, -e** report *P. 60*
das **Beruferaten** game where contestants guess opponents' occupations *P. 60*
die **Berufserfahrung, -en** experience of work *P. 50*
die **Berufsschule, -n** vocational training school *P. 45*
die **Berufswahl** choice of career *P. 52*
der/ **Beschäftigte, -n (ein Beschäftigter)**
die   person in employment *P. 86*
bescheiden modest, unassuming *P. 22*
beschweren über (+ Acc.) (refl.) to complain about *P. 70*
besonders especially *P. 53*
besorgen to obtain, get *P. 128*
bestimmen to decide on *P. 43*
der **Besuch, -e** visitors, visit *P. 101*
besuchen to visit *P. 8*
Betr. [= betrifft] concerning, re *P. 51*
das **Bettuch, ˝-er** sheet *P. 128*
der **Betrag, ˝-e** total *P. 87*
der **Betrieb, -e** business, company *P. 50*
das **Betriebsklima** working atmosphere *P. 50*
der **Betriebsrat, ˝-e** shop steward *P. 88*
die **Betriebsrente, -n** work pension *P. 50*

bevor before *P. 134*
bewerben* um (+ Acc.) (refl.) to apply for *P. 48*
die **Bewerbung, -en** application *P. 48*
bezahlt paid *P. 88*
die **Bezahlung, -en** pay *P. 32*
die **Bierflasche, -n** beer bottle *P. 10*
bieten* to offer *P. 50*
das **Bild, -er** picture *P. 20*
die **Bildung** training, education *P. 87*
die **Biologie** biology *P. 45*
bis (i) up to, until *P. 23*; (ii) until *P. 102*
bis zu up to, until, to *P. 51*
ein bißchen a bit *P. 63*
die **Bitte, -n** request *P. 136*
blau blue *P. 21*
der **Bleistift, -e** pencil *P. 132*
bleiben* to stay, remain *P. 8*
blieb (→ bleiben)
blond/blond(e) fair-haired *P. 19*
bloß just *P. 10*
die **Bluse, -n** blouse, shirt *P. 23*
der **Boden, ˝-** ground *P. 70*
die **Bodenfläche, -n** area covered by land *P. 118*
der **Bodensee** Lake Constance *P. 112*
die **Botschaft, -en** embassy *P. 141*
braten* to fry *P. 60*
braun brown *P. 21*
brechen* to break *P. 11*
der **Brei** pulp *P. 68*
der **Bremsbelag, ˝-e** brake lining *P. 81*
die **Bremse, -n** brake *P. 79*
das **Bremslicht, -er** brake light *P. 79*
die **Briefmarke, -n** postage stamp *P. 132*
die **Brille, -n** spectacles *P. 23*
der **Bruder, ˝-** brother *P. 43*
die **Brust, ˝-e** breast, chest *P. 2*
brutto gross *P. 52*
der **Brutto-Verdienst** gross earnings *P. 87*
die **Buchhandlung, -en** book-shop *P. 33*
der **Bundeskanzler** Federal Chancellor *P. 41*
der **Bürger, -/die Bürgerin, -nen** citizen *P. 71*
der/ **Büroangestellte -n (ein**
die   **Büroangestellter)** office worker *P. 42*
der **Büroberuf, -e** career in office-work *P. 48*
der **Bürokaufmann, (-kaufleute)** sales administrator *P. 104*
der **Bursche, -n** lad *P. 68*
der **Bus, -se** bus *P. 52*
der **Busen, -** bosom, breast *P. 2*

C

ca. [= circa] approx. *P. 50*
der **Calypso** calypso *P. 60*
der **Camping** camping *P. 129*
der **Camping-Gasofen, ˝-** camping gas-stove *P. 132*
der **Campingurlaub** camping holiday *P. 129*
die **Chance, -n** chance *P. 32*
die **Check-Liste, -n** check list *P. 128*
der **Chef, -s** boss *P. 9*
die **Chefsekretärin, -nen** senior secretary *P. 50*
chemisch chemical *P. 87*
chinesisch chinese *P. 60*
der **Christ, -en/die Christin, -nen** Christian *P. 136*

der **Clown, -s** clown *P. 19*
cm (→ Zentimeter)
das **CO₂ [= Kohlendioxyd]** carbon dioxide *P. 88*
der **Cousin, -s** male cousin *P. 105*
die **Cousine, -n** female cousin *P. 105*

D

da (i) then, in that case *P. 48*; (ii) there *P. 70*
dabei at the same time *P. 136*
dabei bleiben (Es bleibt dabei) (lit. to remain with it) the fact remains *P. 69*
dabei haben to have handy *P. 128*
dabei sein to be present *P. 136*
dachte (→ denken)
dadurch in this way *P. 122*
dafür (i) for this *P. 37*; (ii) in it *P. 62*; (iii) on the other hand *P. 78*; **dafür sein** (iv) to be in favour of *P. 98*; (v) of this *P. 122*
dagegen sein to be against *P. 72*
damals at that time *P. 102*
die **Dame, -n** lady *P. 51*
damit (i) as a result *P. 87*; (ii) by this *P. 135*; (iii) in order that *P. 139*
danach after that *P. 43*
darüber about it *P. 62*
das (rel. pron.) which *P. 119*
daß that *P. 97*
dasselbe the same *P. 63*
das **Datum (Daten)** date *P. 87*
dazu (i) (to go) with this *P. 23*; (ii) for this *P. 43*; (iii) in addition *P. 88*
dein, deine your *P. 8*
den (rel. pron.) which *P. 119*
denken* to think *P. 31*
denn then *P. 3*
deutlich clearly *P. 103*
die **Deutsche Bundespost** German Federal Post Office *P. 29*
deutschfreundlich friendly towards Germans *P. 139*
dezent subdued, discreet *P. 23*
die **Diätküche** dietary cooking *P. 60*
die **Dienstleistung, -en** services (e.g. coach drivers, taxis) *P. 86*
das **Ding, -e** thing *P. 132*
das **Diplom, -e** diploma *P. 49*
das **Diskussionsthema, (-themen)** themes for discussion *P. 62*
der **Dollar, -s** dollar *P. 141*
der **Dolmetscher, -/die Dolmetscherin, -nen** interpreter *P. 41*
das **Dolmetscherdiplom, -e** interpreter's diploma *P. 43*
das **Dolmetscherinstitut, -e** school for interpreters *P. 51*
doppelt (i) doubly *P. 60*; (ii) twice *P. 122*
der **Dorfälteste, -n (ein Dorfältester)** senior member of village *P. 136*
das **Dorfkind, -er** village child *P. 136*
draußen outside *P. 113*
dringend urgently *P. 50*
die **Droge, -n** drug *P. 60*
die **Drogenszene** drugs scene *P. 60*
die **Drogerie, -n** chemist (non-dispensing) *P. 128*
der **Druck** printing *P. 87*
drücken to press *P. 86*
das **Druckhaus, ˝-er** printing works *P. 29*

die **Druckindustrie** printing industry
P. 87
dumm stupid P. 19
dunkel (dunkle) dark P. 23
dunkelblau dark blue P. 23
dünn thin P. 19
der **Durchfall** diarrhoea P. 3
der **Durchschnitt, -e** average P. 78
dürfen* to be allowed P. 5
durfte (→ **dürfen** P. 151)
dürfte (→ **dürfen** P. 154)
der **Durst** thirst P. 68
durstig thirsty P. 68
duschen (refl.) to have a shower
P. 96
dynamisch dynamic P. 50

E
die **Ecke, -n** corner P. 68
egal (Es ist Ihnen egal) (i) you don't
care; (ii) (**das ist egal**) that
doesn't matter P. 32
die **Ehe, -n** marriage P. 98
der **Eheberater/die Eheberaterin**
marriage guidance counsellor P. 96
die **Ehefrau, -en** wife P. 22
das **Ehejahr, -e** years of marriage P. 97
der **Ehemann, ¨-er** husband P. 31
das **Ehepaar, -e** married couple P. 20
ehrlich honest P. 32
eigentlich actually P. 72
einfach simply P. 71
eingeladen (→ **einladen**)
einige some, several P. 70
der **Einkauf, ¨-e** shopping P. 70
das **Einkaufszentrum, (-zentren)**
shopping centre P. 70
das **Einkommen, -** income, earnings
P. 87
einladen* to invite P. 135
einmal (→ **noch einmal**)
einmal once P. 71
einpacken to pack P. 113
der **Einsendeschluß** closing date for
receipt of entries P. 119
einsteigen* to get in, enter P. 139
einstellen to adjust P. 81
einverstanden agreed P. 29
einwandern to enter (a country),
immigrate P. 139
das **Einwanderungsgesetz, -e**
immigration law P. 142
einzig single P. 136
das **Eis** (i) ice-cream P. 8; (ii) ice
P. 110
elegant elegant P. 31
der **Elektriker, -** electrician P. 42
der **Elektroingenieur, -e** electrical
engineer P. 141
die **Elektronik** electronics P. 52
die **Elektronikindustrie** electronics
industry P. 50
der **Elektroteil, -e** electric part, electrics
P. 86
das **Elternhaus, ¨-er** home P. 103
der **Elternteil, -e** one parent P. 60
das **Ende, -n** end P. 87
endlich finally P. 29
die **Energie** energy P. 123
eng narrow, cramped P. 139
Englisch English P. 45
der **Enkel, -** grandson P. 104
die **Enkelin, -nen** granddaughter
P. 105
das **Enkelkind, -er** grandchild P. 103
entfernt distant P. 123
enthalten* to contain P. 122

entlassen* to dismiss P. 88
die **Entscheidung, -en** decision P. 35
entschuldigen to excuse P. 95
entschuldigt excused P. 45
entstehen* to occur P. 123
enttäuschen to disappoint P. 136
entweder . . . oder either . . . or
P. 100
die **Erdkunde** geography P. 45
erfolgreich successfully P. 45
erhalten* to receive, obtain P. 45
erinnern (refl.) to remember P. 80
erkältet sein to have a cold P. 3
erkennen* to recognise P. 29
die **Erläuterung, -en** explanation P. 45
ermordern to murder P. 60
erraten* to guess P. 69
errechnen to calculate P. 87
erreichen to reach, contact P. 29
erschießen* to shoot, kill P. 69
erst first of all P. 135
der **Erwachsene/die Erwachsene (ein
Erwachsener)** adult P. 103
erzählen to tell (a story) P. 12
erziehen (i) to educate P. 31; (ii)
to bring up P. 102
der **Erzieher, -/die Erzieherin, -nen** tutor,
educator P. 102
erziehen* to bring up, educate
P. 102
die **Erziehung, -en** education,
upbringing P. 102
es besser haben to be better off
P. 43
es bleibet dabei the fact remains
P. 69
es gab there were P. 102
es heißt it says P. 48
es ist kalt it is cold P. 111
es klappt it works P. 48
es regnet it is raining P. 110
es schneit it is snowing P. 110
die **Essenspause, -n** meal-break P. 88
etwa about P. 87
etwas (i) something, anything
P. 53; (ii) somewhat P. 102
Europa Europe P. 141
europäisch European P. 122
das **Examen, -** examination P. 48
die **Expedition, -en** expedition P. 60
exportieren to export P. 122
der **Exportkaufmann (-leute)** export
salesman P. 51
extra extra, additional P. 81
extrem extreme P. 111

F
Fa. (→ **Firma**)
die **Fabrikwohnung** flat belonging to the
company P. 88
das **Fachgymnasium, (-gymnasien)**
grammar school specialising in a
particular subject or field P. 45
die **Fachhochschule, -n** polytechnic
P. 45
die **Fachoberschule, -n** senior school
specialising in a particular subject or
field P. 45
die **Fachschule, -n** trade or technical
school P. 45
das **Fahrgeld** travelling expenses P. 87
die **Fahrkarte, -n** ticket P. 128
das **Fahrlicht, -er** headlight P. 79
der **Fahrplan, ¨-e** timetable P. 128
das **Fahrrad, ¨-er** bicycle P. 112
die **Fahrschule, -n** driving school P. 86

die **Fahrt, -en** journey P. 52
der **Fall, ¨-e** case P. 60
fallen* to fall P. 11
der **Familienabend, -e** evening with the
family P. 101
das **Familienbild, -er** family picture
P. 21
das **Familienfoto, -s** family photo
P. 132
fand (→ **finden**)
farbig colourful P. 135
die **Farm, -en** settlement P. 139
der **Faschist, -en** fascist P. 137
fast almost P. 104
der **Februar** February P. 60
fehlen (i) to be the matter P. 13;
(ii) to be lacking, missing P. 62
der **Fehler, -** mistake P. 35
die **Feier, -n** celebration P. 136
feiern to celebrate P. 136
der **Feind, -e** enemy P. 22
das **Fenster, -** window P. 113
die **Ferien** (pl.) holidays P. 60
der **Fernsehabend, -e** evening watching
television P. 101
das **Fernsehen, -** television P. 41
das **Fernsehprogramm, -e** television
programme P. 61
fertig (i) finished P. 48; (ii) ready
P. 80
der **Festtag, -e** festival P. 136
feucht damp P. 110
die **Fichte, -n** spruce P. 122
das **Fieber** temperature, fever P. 3
die **Filmkamera, -s** movie camera
P. 60
finden* to find P. 102
der **Finger, -** finger P. 2
die **Firma, Firmen** firm, company P. 9
die **Fischallergie, -n** allergy to fish P. 8
flach flat P. 118
fleißig diligent, hard-working P. 135
die **Fließbandarbeit** assembly-line
work P. 88
das **Fluggepäck** luggage taken on
aeroplane P. 128
die **Flugkarte, -n** aeroplane ticket
P. 128
der **Fluß, ¨-e** river P. 119
flüssig liquid P. 122
folgend following P. 45
das **Foto, -s** photo P. 102
der **Fotoapparat, -e** camera P. 132
das **Fotomodell, -e** photographic model
P. 19
fragen to ask, enquire P. 71
das **Fragespiel, -e** question (and answer)
game P. 105
freibekommen* to receive
(something) free P. 88
die **Freiheit, -en** freedom P. 141
die **Freizeit** free time P. 44
fremd strange, distant P. 102
fremdartig strange type of P. 60
der **Fremdenverkehr** tourist trade
P. 118
die **Fremdsprache, -n** foreign
language P. 45
die **Freud [= Freude]** joy P. 68
freuen auf (+ Acc.) (refl.) to look
forward to P. 62
freundlich friendly P. 22
die **Freundschaft, -en** friendship
P. 135
frisch (i) bright P. 23; (ii) fresh
P. 113
die **Friseuse, -n** hairdresser P. 42

die **Frisur, -en** hairstyle *P. 23*
froh glad, happy *P. 88*
früh (i) **(heute früh)** this morning *P. 80*; (ii) early, soon *P. 103*
früher (i) previous *P. 33*; (ii) earlier *P. 48*
fühlen to feel *P. 103*
führen (i) **(einen Prozess)** to bring, institute *P. 33*; (ii) to move *P. 60*
die **5-Tage-Woche, -n** five-day week *P. 50*
der **Funk- und Fernsehtechniker** radio and television technician *P. 42*
für (i) for *P. 70*; (ii) in favour of *P. 72*
der **Fuß, ̈-e** foot *P. 2*
die **Fußballmannschaft, -en** football team *P. 8*
die **Fußgängerzone, -n** pedestrian precinct *P. 70*

G

ganz quite, entirely *P. 5*
gar nicht not at all *P. 34*
die **Garage, -n** garage *P. 86*
der **Garten, ̈-** garden *P. 100*
die **Gartenparty, -s** party in the garden *P. 112*
das **Gas** gas *P. 87*
der **Gast, ̈-e** guest *P. 60*
die **Gesteltern** (pl) parents of host fami'y *P. 135*
die **Gastfamilie, -n** host family *P. 135*
die **Gastfreundschaft** hospitality *P. 135*
geb. [= **geboren**] *P. 51*
das **Gebiet, -e** area, region *P. 122*
das **Gebirge, -** mountain range *P. 118*
geboren born *P. 45*
gebrauchen to use *P. 123*
das **Gedächtnis, -se** memory *P. 20*
der **Gedanke, -n** thought *P. 69*
gefährlich dangerous *P 5*
gegen (i) about *P. 5*; (ii) towards *P. 111*
die **Gegend, -en** area *P. 118*
das **Gehalt, ̈-er** salary *P. 50*
die **Gehaltsabrechnung, -en** pay slip for salary *P. 87*
gehen* (i) to go *P. 69*; (ii) to work, function *P. 80*
gehören to belong *P. 21*
der **Geist, -er** ghost *P. 136*
gelb yellow *P. 21*
genau exactly *P. 20*
genauso just as *P. 78*
die **Generation, -en** generation *P. 102*
genießen* to enjoy *P. 97*
die **Gepäckversicherung** luggage insurance *P. 128*
geprüft qualified *P. 51*
gerade just *P. 29*
gern mögen to like it *P. 95*
gesamt total *P. 87*
die **Gesamtschule, -n** comprehensive school *P. 46*
das **Geschäft, -e** business *P. 50*
der **Geschäftskontakt, -e** business contact *P. 50*
die **Geschäftsleute** (pl) (sing. **-mann**) business people *P. 70*
die **Geschäftsreise, -n** business trip *P. 55*
der **Geschäftsverkehr** shoppers *P. 72*
die **Geschichte, -n** (i) story *P. 10*; (ii) history *P. 45*
die **Geschwindigkeit, -en** speed *P. 78*

die **Geschwister** (pl) brothers and sisters *P. 135*
die **Gesellschaftslehre** sociology *P. 45*
das **Gesetz, -e** law *P. 103*
das **Gesicht, -er** face *P. 2*
gest. [= **gestorben → sterben**] *P. 104*
gesund healthy *P. 22*
die **Gesundheit** health *P. 2*
die **Gesundheitsmagazin, -e** health magazine *P. 60*
die **Gewerkschaft, -en** trade union *P. 87*
der **Gewerkschafter, -/die Gewerkschafterin, - nen** trade union member *P. 60*
das **Gewicht, -e** weight *P. 78*
gewinnen* to win *P. 41*
gewiß certain *P. 68*
das **Gewitter, -** thunderstorm *P. 111*
gewöhnen an (+ Acc.) (refl.) to become accustomed to *P. 60*
gewöhnlich usually *P. 70*
das **Gewürz, -e** spice *P. 60*
gießen* to pour *P. 123*
das **Gift, -e** poison *P. 122*
giftig poisonous *P. 123*
der **Giftstoff, -e** toxic agent *P. 122*
das **Glas, ̈-er** glass *P. 123*
der **Glascontainer, -** glass container *P. 123*
das **Glasfenster, -** glass window *P. 135*
die **Glasflasche, -n** glass bottle *P. 123*
glauben (i) to think *P. 19*; (ii) to be of the opinion *P. 35*; (iii) to believe *P. 136*
glaubwürdig credible *P. 60*
gleich (i) **(das ist mir gleich)** I don't care *P. 35*; (ii) immediately *P. 44*; (iii) the same *P. 63*
gleichzeitig at the same time *P. 111*
das **Glück** luck *P. 136*
glücklich happy *P. 98*
der **Glückwunsch, ̈-e** congratulations *P. 62*
das **Gold** gold *P. 135*
die **Goldmedaille, -n** gold medal *P. 41*
der **Golf, -e** gulf *P. 111*
der **Gott, ̈-er** God *P. 136*
der **Grad, -e** degree *P. 110*
der **Grafik** picture *P. 123*
grau grey *P. 21*
die **Grenze, -n** border *P. 119*
grillen to barbecue *P. 100*
die **Grippe** influenza, flu *P. 3*
die **Größe, -n** size *P. 23*
die **Großeltern** (pl) grandparents *P. 101*
die **Großmutter, ̈-** grandmother *P. 102*
die **Großstadt, ̈-e** large town, city *P. 60*
der **Großvater, ̈-** grandfather *P. 43*
grün green *P. 21*
der **Grund, ̈-e** reason *P. 52*
die **Grundschule, -n** junior school *P. 45*
die **Gruppe, -n** group *P. 60*
Grüß dich hello *P. 3*
günstig at a reasonable price *P. 88*
gutbürgerlich comfortably off *P. 102*
gute Besserung speedy recovery *P. 8*
Gute Nacht good-night *P. 101*
das **Gymnasium, (Gymnasien)** grammar school *P. 45*

H

das **Haar, -e** hair *P. 23*
haben* to get *P. 21*
half (→ **helfen**) *P. 103*
die **Hälfte, -n** half *P. 139*
die **Halle, -n** workshop *P. 88*
der **Hals, ̈-e** neck, throat *P. 2*
die **Halskompresse, -n** throat compress *P. 5*
die **Halsschmerzen** (pl) sore throat *P. 5*
halten* to keep *P. 88*
die **Haltestelle** (bus) stop *P. 52*
das **Hammelfleisch** mutton *P. 136*
die **Hand, ̈-e** hand *P. 2*
die **Handbremse, -n** hand brake *P. 80*
das **Handbremsseil, -e** hand brake cable *P. 81*
der **Handel** trade *P. 60*
das **Handtuch, ̈-er** hand towel *P. 128*
der **Handwerker, -** craftsman *P. 104*
hängen to hang (up) *P. 96*
der **Harem** harem *P. 136*
hart hard, difficult *P. 102*
der **Haupteingang, ̈-e** main entrance *P. 29*
das **Hauptsache, -n** essential, main point *P. 88*
der **Hauptschulabschluß, (-abschlüsse)** secondary school final examination *P. 45*
die **Hauptschule, -n** secondary school *P. 45*
die **Hausaufgaben, -n** homework *P. 100*
die **Hausfrau, -en** housewife *P. 62*
der **Haushaltsreiniger** household cleaner *P. 124*
der **Hausherr, -en** head of the household *P. 136*
der **Hauskauf, ̈-e** house purchase *P. 142*
der **Hausmüll** household rubbish *P. 123*
der **Hausrat** household effects *P. 87*
die **Hauswirtschafterin, -nen** home economist *P. 42*
die **Haut** skin *P. 60*
HBF [= der **Hauptbahnhof**] railway station *P. 29*
heilig holy *P. 136*
der **Heilige Geist** Holy Ghost *P. 136*
die **Heimat, -en** home country *P. 141*
die **Heirat** marriage *P. 51*
heiß hot *P. 110*
heißen* (i) (→ **es heißt**) *P. 48*; (ii) **das heißt** that is (to say) *P. 88*
heiter light-hearted *P. 60*
heizen to heat *P. 123*
die **Heizung, -en** heating *P. 87*
hellblau light blue *P. 23*
das **Hemd, -en** shirt *P. 27*
heraussuchen to pick out *P. 123*
das **Heroin** heroin *P. 60*
heroinsüchtig addicted to heroin *P. 60*
der/ **Herointote, -n (ein Herointoter)**
die someone killed by heroin *P. 60*
herrlich magnificent *P. 118*
die **Herzbeschwerden** (pl) heart, chest pains *P. 5*
die **Herzchirurgie** heart surgery *P. 60*
der/ **Herzkranke, -n (ein Herzkranker)**
die someone suffering from heart trouble *P. 60*
herzlich (i) sincere *P. 62*; (ii) cordial *P. 136*

heute früh this morning *P. 80*
heute mittag midday today *P. 80*
heute nachmittag this afternoon *P. 80*
hiermit herewith, hereby *P. 51*
hinaufgehen* to go up *P. 136*
hinten (at the) rear *P. 80*
der **Hintergrund, ̈-e** background *P. 60*
der **Hit, -s** hit-song *P. 60*
hoch high, great *P. 78*
das **Hoch, -s** anticyclone, high *P. 111*
das **Hochband, ̈-er** overhead assembly line *P. 88*
die **Hochschule, -n** college *P. 45*
höchstens at the most, maximum *P. 104*
die **Höchstgeschwindigkeit, -en** maximum speed *P. 78*
hoffen to hope *P. 97*
hoffentlich hopefully, I hope *P. 135*
hohe (→ **hoch**) *P. 118*
der **Hosenanzug, ̈-e** trouser suit *P. 60*
das **Hotelzimmer, -** hotel room *P. 128*
das **Huhn, ̈-er** hen *P. 52*
der **Humor** humour *P. 95*
der **Hund, -e** dog *P. 41*
hunderttausende hundreds of thousands *P. 141*
der **Hunger** hunger *P. 68*
hungern to starve *P. 60*
der **Hut, ̈-e** hat *P. 68*

I
ideal ideal *P. 23*
IG [= **Industriegewerkschaft**] trade union for industry *P. 87*
imaginär imaginary *P. 70*
immer always *P. 50*
impfen to inoculate *P. 128*
der **Import, -e** import *P. 52*
importieren to import *P. 122*
die **Industrie- und Handelskammer** chamber of trade and industry *P. 51*
das **Industriezentrum, (-zentren)** industrial centre *P. 122*
informieren (refl.) to make enquiries *P. 141*
inkl. [= **inklusive**] including *P. 78*
das **Inland** home (country) *P. 50*
innerhalb within *P. 122*
die **Insel, -n** island *P. 14*
insgesamt altogether, in total *P. 87*
der **Installateur** heating and plumbing engineer *P. 42*
das **Institut** (→ **Dolmetscherinstitut**)
das **Instrument, -e** instrument, appliance *P. 60*
intelligent intelligent *P. 19*
interessant interesting *P. 22*
interessieren (i) **für** (+ Acc.) (refl.) to be interested in *P. 62*; (ii) to interest *P. 81*
das **Interview, -s** interview *P. 97*
irgendwie somehow or other *P. 135*
der **Irokese, -n** punk with a Mohican hairstyle *P. 33*
die **Irokesenfrisur, -en** Mohican hairstyle *P. 33*

J
ja (i) yes *P. 29*; (ii) can't we? *P. 63*
die **Jacke, -n** jacket *P. 23*
der **Jäger, -** hunter *P. 69*
der **Januar** January *P. 12*
die **Jazzband, -s** jazz band *P. 9*
je every *P. 42*

die **Jeans** (pl) jeans *P. 34*
jeden Morgen every morning *P. 33*
jeden Tag every day *P. 2*
jeder, jede, jedes each, every *P. 31*
jedesmal every time *P. 63*
jetzig present *P. 51*
der **Job, -s** job *P. 31*
der **Joghurt** yoghurt *P. 136*
die **Jugend** young people, youth *P. 42*
der/ **Jugendliche, -n (ein Jugendlicher)**
die young person, teenager *P. 48*
die **Jugendsendung, -en** programme for young people *P. 62*
die **Jugendzeit** (years of) youth *P. 102*
jung young *P. 19*
der **Juni** June *P. 51*

K
kam (→ **kommen**)
die **Kanalisation** canal-system, sewerage *P. 160*
kann sein maybe *P. 63*
kannte (→ **kennen**)
kaputt broken *P. 79*
kaputtmachen to break up *P. 66*
die **Karikatur** cartoon *P. 66*
die **Karriere, -n** career *P. 52*
die **Karrierechance, -n** career prospects *P. 52*
die **Karte, -** post-card *P. 29*
die **Kasse, -n** till, cash register *P. 88*
kath. [= **katholisch**] Catholic *P. 87*
die **Katze, -n** cat *P. 128*
das **Kaufhaus, ̈-er** department store *P. 72*
kaum hardly *P. 52*
kennen* to know *P. 102*
kennenlernen to make someone's acquaintance *P. 29*
die **Keramik** ceramics, pottery *P. 87*
Kfz [= **Kraftfahrzeug**] motor vehicle *P. 86*
der **Kfz-Handel** motor vehicle trade *P. 86*
der **Kfz-Mechaniker, -** motor mechanic *P. 42*
der **Kindergarten, ̈-** nursery school *P. 96*
die **Kindergärtnerin, -nen** nursery school teacher *P. 42*
die **Kinderkrankenschwester, -n** children's nurse *P. 43*
das **Kindermädchen, -** nanny *P. 102*
die **Kinderschwester, -n** nursery nurse *P. 102*
die **Kindersendung, -en** children's programme *P. 60*
die **Kindheit** childhood *P. 102*
der **Kinofilm, -e** film at the cinema *P. 62*
die **Kirchensteuer, -n** church tax *P. 87*
klangvoll resounding, resonant *P. 60*
klappen (→ **es klappt**)
klar clear *P. 29*
die **Klasse, -n** class *P. 41*
der **Klassenlehrer, -/die Klassenlehrerin, -nen** class teacher *P. 45*
die **Klassenreise, -n** class trip *P. 136*
kleben to stick *P. 86*
das **Kleid, -er** dress *P. 27*
die **Kleidung** clothing *P. 23*
das **Kleidungsstück, -e** item of clothing *P. 27*
das **Klima** climate *P. 110*
das **Knie, -** knee *P. 2*

der **Kniestrumpf, ̈-e** knee-length sock *P. 23*
der **Knopf, ̈-e** button *P. 86*
der **Kochtopf, ̈-e** saucepan *P. 132*
der **Koffer, -** suitcase *P. 128*
der **Kofferraum, ̈-e** boot (of car) *P. 78*
die **Kohle, -n** coal *P. 123*
das **Kohlekraftwerk, -e** coal-fired power station *P. 122*
die **Kohletablette, -n** indigestion pill *P. 128*
die **Kollegin, -nen/der Kollege, -n** colleague *P. 10*
kommen* (i) to come *P. 62*; (ii) to go *P. 102*
kommentieren to comment *P. 123*
der **Kommissar, -e** police inspector *P. 60*
das **Kommunikationszentrum (-zentren)** centre for communication *P. 71*
die **Komödie, -n** comedy *P. 62*
der **Kompaß, -e** compass *P. 132*
können* to be able *P. 29*
konnte (→ **können** *P. 151*)
könnte (→ **können** *P. 154*)
das **Konsulat, -e** consulate *P. 141*
das **Konsumzentrum, (-zentren)** consumer centre *P. 71*
der **Kontakt, -e** contact *P. 52*
die **Kontaktlinse, -n** contact lenses *P. 23*
kontrollieren to check *P. 100*
konzentrieren to concentrate *P. 122*
der **Konzertsaal, (-säle)** concert hall *P. 72*
der **Kopf, ̈-e** head *P. 2*
die **Kopfschmerzen** (pl) headache *P. 3*
die **Kopfschmerztablette, -n** pill to cure headaches *P. 6*
der **Koran** Koran *P. 136*
die **Kosten** (pl) cost(s) *P. 60*
der **Krach** argument *P. 70*
krank ill *P. 3*
der **Krankenschein, -e** document for medical care *P. 128*
die **Krankenversicherung, -en** health insurance *P. 87*
die **Krankheit, -en** illness *P. 2*
die **Krawatte, -n** tie *P. 27*
der **Krieg, -e** war *P. 141*
die **Kriegsjahren** (pl) war years *P. 103*
der **Krimi, -s** thriller *P. 62*
der **Kriminalfilm, -e** thriller (film) *P. 61*
das **Krisenjahr, -en** crisis year (when business is poor) *P. 88*
kritisch discerning, critical *P. 104*
kritisieren to criticise *P. 32*
kühl cool *P. 110*
der **Kühlschrank, ̈-e** refrigerator *P. 97*
die **Kultur** culture *P. 60*
die **Kulturstadt, ̈-e** town full of culture *P. 71*
die **Kulturwüste, -n** cultural desert *P. 71*
der **Kunde, -n/die Kundin, -nen** customer *P. 50*
der **Kundenkontakt, -e** contact with customers *P. 104*
kündigen to give notice to, sack *P. 9*
die **Kunst** art *P. 45*
die **Kunstfreiheit, -en** artistic freedom *P. 71*
der **Kunsthändler, -e** art dealer *P. 135*
kurz short *P. 33*

kurz vor just before *P. 131*
küssen to kiss *P. 22*
kW [= das Kilowatt] kilowatt *P. 78*

L
l [= das Liter] litre *P. 78*
lachen to laugh *P. 94*
die **Ladenpassage, -n** shopping arcade *P. 70*
das **Land, ˝-er** (i) country *P. 118;* (ii) land *P. 139*
die **Ländergrenze, -n** national boundary *P. 122*
die **Landschaft, -en** landscape, scenery *P. 110*
die **Landwirtschaft** farming, agriculture *P. 118*
der **Landwirtschaftsbetrieb, -e** agricultural concern *P. 139*
lang (i) long *P. 21;* (ii) (**zwei Jahre lang**) for two years *P. 88*
die **Länge, -n** length *P. 78*
langhaarig long-haired *P. 19*
langweilen (refl.) to become bored *P. 60*
lassen* (i) to get, have *P. 128;* (ii) to let *P. 129 (→ P. 162)*
laufen* to run *P. 69*
leben to live *P. 33*
das **Leben, -** life *P. 33*
der **Lebenslauf, ˝-e** curriculum vitae *P. 51*
leer empty *P. 79*
die **Lehre, -n** apprenticeship *P. 45*
das **Lehrerproblem, -e** teachers' problem *P. 60*
die **Lehrstelle, -n** apprenticeship *P. 48*
leicht (i) easy *P. 52;* (ii) light *P. 60;* (iii) easily *P. 142*
leiden* to bear, tolerate *P. 95*
leise quiet *P. 72*
die **Leistung, -en** achievement, performance *P. 35*
der **Leiter, -** administrator, manager *P. 60*
der **Leser, -/die Leserin, -nen** reader *P. 5*
der **Leserbrief, -e** reader's letter *P. 62*
letzte last *P. 49*
das **Licht, -er** light *P. 128*
lieb (i) kind *P. 32;* (ii) dear *P. 71*
die **Liebe** love *P. 98*
lieber rather *P. 8*
der **Liebhaber, -/die Liebhaberin, -nen** lover *P. 60*
der **Lieblingsschüler, -/die Lieblingsschülerin, -nen** teacher's pet *P. 60*
am liebsten mögen to like best *P. 43*
das **Lied, -er** song *P. 68*
der **Liedtext, -e** song-text *P. 69*
liegen* to lie *P. 102*
die **Limonade, -n** lemonade *P. 66*
linke left-hand *P. 80*
links on the left *P. 80*
nach links to the left *P. 80*
die **Liste, -n** list *P. 129*
die **Literatur** literature *P. 62*
die **Lizenz, -en** licence *P. 71*
die **Lizenzregelung, -en** licence control *P. 71*
der **Lohn, ˝-e** wage *P. 87*
die **Lohnabrechnung, -en** pay slip (for wages) *P. 87*
die **Lohnsteuer, -n** income tax *P. 87*
los sein to be the matter *P. 3*

lösen to solve *P. 50*
die **Lösung, -en** solution, answer *P. 32*
der **Löwe, -n** lion *P. 41*
die **Luft** air *P. 122*
lügen* to lie, be untruthful *P. 35*
lustig cheerful, funny *P. 19*

M
das **Mädchen, -** girl *P. 22*
mag sein maybe, that may be so *P. 63*
das **Magazin, -e** magazine *P. 60*
das **Magengeschwür** stomach ulcer *P. 5*
die **Magentablette, -n** stomach pill *P. 3*
das **Make-up** make-up *P. 23*
mal (i) **3mal** three times *P. 32;* (ii) **mal sehen** let's see *P. 53;* (iii) just *P. 63*
malen to paint *P. 70*
der **Maler, -/die Malerin, -nen** painter, artist *P. 42*
die **Mama, -s** mummy, mum *P. 66*
manche many *P. 31*
manchmal sometimes *P. 48*
mangelhaft unsatisfactory *P. 45*
der **Mann, ˝-er** husband *P. 48*
die **Mannschaft, -en** team *P. 8*
der **Mantel, ˝-** coat *P. 29*
die **Maschine, -n** machine *P. 60*
der **Maschinenschlosser, -** engine-fitter, mechanic *P. 42*
der **Masseuse, -n/der Masseur, -e** masseuse/masseur *P. 42*
das **Material, -ien** material(s) *P. 81*
die **Materialprüfung, -en** material, goods inspection *P. 86*
die **Mathematik** mathematics *P. 45*
der **Maurer, -** mason, bricklayer *P. 42*
das **Meer, -e** sea *P. 111*
die **Meeresluft** sea air *P. 111*
mehr (i) (**keine . . . mehr**) not . . . any more *P. 23;* (ii) (**kein . . . mehr**) no more . . . *P. 51*
mehrere several *P. 50*
meinetwegen as far as I'm concerned *P. 35*
die **Meinung, -en** opinion *P. 33*
die **meisten** (pl) most *P. 33*
meistens mostly *P. 22*
die **Melodie, -n** melody *P. 60*
merken to notice *P. 131*
die **Messe, -n** trade fair *P. 50*
das **Metall, -e** metal *P. 87*
der **Metallarbeiter, -/die Metallarbeiterin, -nen** metal-worker *P. 87*
der **Metzger, -/die Metzgerin, -nen** butcher *P. 88*
die **Mietwohnung, -en** rented flat *P. 104*
mindestens at least *P. 46*
der **Mini** mini-skirt *P. 60*
minus minus *P. 111*
die **Mio [= die Million]** million *P. 139*
die **Mission, -en** mission, task *P. 60*
der **Mist** rubbish (literally 'dung') *P. 62*
mitarbeiten to work as well *P. 88*
der **Mitbürger, -/die Mitbürgerin, -nen** fellow citizen *P. 71*
mitnehmen* to take along *P. 113*
der **Mitschüler, -/die Mitschülerin, -nen** fellow pupil *P. 135*
mitsingen* to sing along as well *P. 69*
mittag midday *P. 80*
mittags at midday *P. 6*
die **Mitte, -n** middle *P. 33*

das **Mittelgebirge, -** medium-altitude mountain range *P. 119*
die **Mitternacht** midnight *P. 60*
mittlere middle *P. 33*
der **Möbelpacker, -/die Möbelpackerin, -nen** furniture packer *P. 43*
das **Möbelunternehmen, -** furniture business *P. 50*
die **Mode, -n** fashion *P. 23*
die **Modefarbe, -n** fashionable colour *P. 60*
der **Moderator, -en/die Moderatorin, -nen** discussion leader *P. 60*
möglich possible *P. 33*
die **Möglichkeit, -en** possibility *P. 46*
monatlich monthly *P. 87*
das **Monatsende, -n** end of the month *P. 88*
das **Monatsgehalt, ˝-er** monthly salary *P. 50*
der **Monatslohn, ˝-e** monthly wage *P. 88*
monoton monotonous *P. 86*
die **Monotonie** monotony *P. 88*
montieren to fit *P. 81*
morgen früh tomorrow morning *P. 80*
morgen mittag tomorrow midday *P. 80*
morgens in the morning *P. 6*
der **Morgen, -** morning *P. 111*
die **Moschee, -n** mosque *P. 34*
der **Motor, -en** engine, motor *P. 78*
die **Motorleistung, -en** engine performance *P. 78*
das **Motorradfahren** motor-cycling *P. 60*
müde tired *P. 101*
der **Mund, ˝-er** mouth *P. 2*
der **Musikant, -en** musician *P. 70*
die **Musik** music *P. 62*
das **Musizieren** playing of music *P. 71*
der **Muslim, -e** Muslim *P. 136*
muß das sein? must I/we *P. 63*
mußte (→ müssen *P. 151)*
müßte (→ müssen *P. 154)*
der **Mut** courage *P. 23*
die **Mutter, ˝-** mother *P. 21*
MwSt. [= Mehrwertsteuer] value added tax (VAT) *P. 78*

N
nach in accordance with *P. 88*
nach Hause (gehen) (to go) home *P. 43*
nach unten downstairs *P. 10*
der **Nachbar, -n/die Nachbarin, -nen** neighbour *P. 9*
das **Nachbarland, ˝-er** neighbouring country *P. 118*
nachher afterwards *P. 113*
nachmittag (→ heute nachmittag)
der **Nachmittag** afternoon *P. 111*
die **Nachrichten** (pl) news *P. 61*
der/die/das **nächste** next *P. 20*
nächtlich night-time, nightly *P. 69*
nachts at night *P. 41*
der **Nachtwächter, -/die Nachtwächterin, -nen** night-watchman *P. 41*
die **Nähe (in der Nähe)** near *P. 60*
nannte (→ nennen)
die **Nase, -n** nose *P. 2*
naß wet *P. 110*
die **Natur** nature *P. 66*
natürlich naturally *P. 95*
der **Nebel, -** mist, fog *P. 111*
die **Nebenkosten** (pl) extra costs,

extras *P. 88*

der **Nebensatz**, ¨-e subordinate clause
  P. 42
der **Neffe**, -n nephew *P. 105*
  negativ negative *P. 48*
  nennen* to name *P. 42*
  nervös nervous, restless *P. 5*
  nett nice, kind *P. 19*
der **Netto-Verdienst** net earnings *P. 87*
das **Nettoeinkommen** net income *P. 87*
die **Nichte**, -n niece *P. 105*
der **Nichtstuer**, - idler, slacker *P. 70*
  nie never *P. 43*
  nie mehr no more, never again
  P. 69
  niedrig low *P. 78*
  niemand no one *P. 48*
  nirgends nowhere *P. 48*
  noch drei three more *P. 66*
  noch eine yet another *P. 44*
  noch einmal once again *P. 51*
  noch etwas (?) anything, something
  else (?) *P. 80*
  noch nie never yet *P. 43*
  noch was (?) anything, something
  else (?) *P. 80*
  nochmal again *P. 53*
der **Nord-West** north-west *P. 111*
der **Norddeutsche Rundfunk** North
  German Broadcasting *P. 60*
der **Norden** north *P. 111*
die **Nordsee** North Sea *P. 112*
  normal normal *P. 33*
das **Normalbenzin** standard petrol
  P. 78
  normalerweise normally *P. 60*
die **Note**, -n mark, grade *P. 46*
der **Notendurchschnitt**, -e average
  mark, grade *P. 48*
  notieren to note down *P. 52*
  nötig necessary *P. 72*
die **Notiz**, -en notes *P. 52*
  notwendig necessary *P. 132*
die **Nudel**, -n noodle *P. 60*

O

  ob whether *P. 68*
  oben above *P. 88*
der **Obstsalat**, -e fruit salad *P. 8*
  obwohl although *P. 43*
  offen (i) open, straightforward
  P. 32; (ii) open, public *P. 71*
  offiziell officially *P. 48*
  oft often *P. 5*
das **Ohr**, -en ear *P. 2*
die **Ohrfeige**, -n box on the ear *P. 102*
das **Öl**, -e oil *P. 79*
die **Olive**, -n olive *P. 135*
das **Ölkraftwerk**, -e oil-fired power
  station *P. 122*
der **Onkel**, - uncle *P. 105*
  ordnen to arrange *P. 10*
  in Ordnung in order, that's fine then
  P. 29
das **Ordnungsamt**, ¨-er Town Clerk's
  Department *P. 71*
die **Organisation**, -en organisation
  P. 60
der **Ort**, -e place *P. 72*
der **Osten** east *P. 111*
die **Ostsee** Baltic Sea *P. 118*
  oval oval *P. 21*

P

das **Paar**, -e couple, pair *P. 97*
  ein paar a few *P. 6*
  packen to pack *P. 128*

die **Panne**, -n breakdown *P. 79*
das **Pantomimen-Spiel** miming act
  P. 70
der **Pantomimenkurs**, -e course in
  miming *P. 70*
die **Pantomimin**, -nen/der **Pantomime**,
  -n mime artist *P. 70*
die **Papierfabrik**, -en paper-mill *P. 29*
der **Papierkorb**, ¨-e waste-paper basket
  P. 70
der **Partner**, -/die **Partnerin**, -nen
  partner *P. 70*
der **Paß**, ¨-e passport *P. 128*
  passen to fit, tally *P. 20*
  passieren to happen *P. 10*
der **Pazifik** Pacific Ocean *P. 132*
  Peng! Bang! *P. 66*
das **Penizillin** penicillin *P. 5*
  perfekt perfect *P. 50*
die **Person**, -en person *P. 19*
die **Personalabteilung**, -en personnel
  department *P. 51*
der **Personalchef**, -s personnel
  manager *P. 51*
  persönlich personally *P. 29*
die **Persönlichkeit**, -en personality
  P. 50
der **Pfarrer**, - clergyman *P. 19*
der **Pfeffer** (i) spice, zip *P. 62*; (ii)
  pepper *P. 132*
der **Pfennig**, -e penny, one hundredth of a
  mark *P. 70*
die **Pflanze**, -n plant *P. 110*
das **Pflaster**, - plaster *P. 128*
der **Pflichtunterricht** compulsory
  lessons *P. 45*
das **Pfund**, -e pound (weight) *P. 60*
das **Photo**, -s photograph *P. 20*
die **Physik** physics *P. 45*
die **Pizza**, -s pizza *P. 136*
das **Plakat**, -e poster *P. 123*
  planen to plan *P. 132*
die **Plastikflasche**, -n plastic bottle,
  container *P. 124*
die **Plastiktasche**, -n plastic carrier-
  bag *P. 132*
die **Plastiktüte**, -n plastic bag *P. 124*
der **Platz**, ¨-e (i) place *P. 70*; (ii) seat
  P. 128; (iii) room *P. 139*
  plötzlich suddenly *P. 11*
  plus plus *P. 88*
die **Politik** politics *P. 61*
  politisch political *P. 69*
der **Polizist**, -en policeman *P. 49*
die **Popmusik** pop music *P. 69*
die **Portion**, -en helping, portion *P. 136*
das **Postfach**, ¨-er post-office box *P. 50*
das **Praktikum**, Praktika practical
  training *P. 139*
  praktisch practically, almost *P. 43*
das **Präsens** present tense *P. 42*
das **Präteritum** imperfect (simple past)
  tense *P. 42*
die **Praxis** practice *P. 160*
der **Preis**, -e (i) price *P. 78*; (ii) prize
  P. 119
der **Preisrätsel**, - competition (with
  prizes) *P. 118*
  preiswert good value *P. 78*
das **Prestige** prestige *P. 52*
  privat private *P. 29*
der **Privatlehrer**, -/die **Privatlehrerin**,
  -nen private tutor *P. 102*
das **Problem**, -e problem *P. 2*
der **Problemfilm**, -e films dealing with
  problems, documentaries *P. 62*
das **Produkt**, -e product *P. 86*

die **Produktion** production *P. 88*
das **Programm**, -e (i) programme,
  schedule *P. 12*; (ii) summary of
  programmes *P. 60*
das **Prozent** per cent *P. 46*
der **Prozeß**, Prozesse legal action
  P. 33
die **Prüfabteilung** inspection
  department *P. 86*
  prüfen to inspect, check *P. 86*
  PS [= die Pferdestärke]
  horsepower *P. 78*
die **Psychologin**, -nen/der **Psychologe**,
  -n psychologist *P. 19*
der **Pullover**, - pullover, sweater *P. 23*
der **Punk**, -s punk *P. 33*
der **Punkt**, -e point *P. 31*
  pünktlich punctual *P. 32*
die **Pünktlichkeit**, -en punctuality *P. 94*

Q
die **Qualität**, -en quality *P. 72*
das **Quiz**, - quiz *P. 118*
die **Quizsendung**, -en quiz programme
  P. 62

R
die **Rache** revenge *P. 60*
  raten* to guess *P. 62*
der **Ratgeber**, - (i) advice programmes
  P. 62; (ii) adviser *P. 142*
der **Rathausmarkt**, ¨-e market by the
  town-hall *P. 70*
die **Rationalisierung** rationalisation
  P. 88
der **Ratschlag**, ¨-e advice *P. 6*
  rauchen to smoke *P. 5*
  raus [= heraus] out of *P. 88*
das **Rauschgift**, -e drug *P. 60*
  reagieren to react *P. 136*
  real real, authentic *P. 60*
  realistisch realistic *P. 60*
der **Realabschluß**, (-abschlüsse)
  secondary school leaving
  examination *P. 45*
die **Realschule**, -n secondary school
  P. 45
der **Realschüler**, -/die **Realschülerin**,
  -nen secondary school pupil
  P. 46
der **Rebell**, -en rebel *P. 103*
die **Rechnung**, -en bill, invoice *P. 81*
die **Rechnungsabteilung**, -en accounts
  department *P. 50*
  recht haben to be right, correct *P. 5*
  rechts on the right *P. 80*
der **Rechtsanwalt**, ¨-e lawyer *P. 33*
die **Redaktion**, -en editorial department
  P. 23
  reden to talk *P. 95*
  regelmäßig regularly *P. 63*
der **Regen** rain *P. 110*
der **Regenwald**, ¨-er rain forest *P. 111*
die **Regie** direction, director *P. 60*
  regional regional *P. 62*
das **Regionalprogramm**, -e Regional
  Programme, Regional Magazine
  P. 60
  regnen to rain *P. 110*
  reich rich *P. 22*
der **Reifen**, - tyre *P. 79*
die **Reihenfolge**, -n sequence, order
  P. 79
die **Reinigung**, -en dry cleaning *P. 128*
die **Reise**, -n journey *P. 49*
die **Reisegruppe**, -n group of travellers
  P. 132

die **Reiseplanung** planning a journey *P. 129*
der **Reiseprospekt, -e** travel brochure *P. 128*
der **Reisescheck, -s** traveller's cheque *P. 128*
der **Reiseteilnehmer, -** fellow traveller *P. 132*
der **Reisewetterbericht, -e** weather forecast for travellers *P. 112*
die **Religion** religious instruction *P. 45*
die **Rentenversicherung, -en** pension insurance fund *P. 86*
die **Reparatur, -en** repair *P. 78*
reparieren to repair *P. 81*
die **Reportage, -n** report *P. 60*
der **Reporter, -/die Reporterin, -nen** reporter *P. 128*
reservieren to reserve, book *P. 128*
das **Resultat, -e** result *P. 123*
retten to rescue, save *P. 132*
das **Rezept, -e** recipe *P. 60*
richtig (i) correct *P. 22*; (ii) proper, real *P. 102*
der **Riesenslalom, -s** giant slalom *P. 60*
der **Rock, ¨-e** skirt *P. 23*
das **Rollenspiel, -e** role-play *P. 48*
rot red *P. 21*
der **Rücken, -** back *P. 2*
die **Ruhe** peace, quiet *P. 100*
ruhig quiet *P. 31*
rund (i) round *P. 21*; (ii) roughly, . . . or so *P. 87*
der **Rundfunk** broadcasting *P. 60*

S
sabotieren to sabotage *P. 33*
die **Sahara** Sahara *P. 132*
der **Salbeitee** sage tea *P. 5*
das **Salz** salt *P. 132*
sammeln to collect *P. 70*
samstags on Saturdays *P. 52*
sauber clean *P. 43*
saubermachen to clean *P. 48*
die **Sauce, -n** sauce, dressing *P. 100*
sauer acid *P. 122*
der **Schafskäse** cheese made from sheep's milk *P. 135*
der **Schatten, -** shadow *P. 69*
der **Schauspieler, -/die Schauspielerin, -nen** actor, actress *P. 70*
der **Scheibenwischer, -** windscreen wipers *P. 79*
die **Scheidung, -en** separation *P. 58*
scheinen* to shine *P. 110*
schicken to send *P. 23*
das **Schiff, -e** ship *P. 111*
schimpfen to tell someone off, to complain *P. 100*
der **Schirm, -e** umbrella *P. 113*
schlafen* to sleep *P. 102*
schlagen* to hit, beat *P. 68*
schlank slim *P. 19*
schlief (→ schlafen)
schließlich finally *P. 102*
schlimm bad *P. 3*
der **Schlüssel, -** key *P. 128*
schmal thin *P. 21*
der **Schmerz, -en** ache, pain *P. 3*
schmutzig dirty *P. 43*
der **Schnaps, ¨-e** brandy *P. 132*
der **Schnee** snow *P. 110*
schneien to snow *P. 110*
der **Schnellkurs, -e** crash course *P. 70*
die **Schokolade, -n** chocolate *P. 8*
der **Schornstein, -e** chimney *P. 122*
schrecklich dreadful *P. 122*

schreien* to scream *P. 11*
der **Schuh, -e** shoe *P. 23*
der **Schulabgänger, -/die Schulabgängerin, -nen** school-leaver *P. 42*
die **Schule, -n** school *P. 44*
das **Schülerproblem, -e** problem for school-pupils *P. 60*
das **Schulfach, ¨-er** school subject *P. 46*
das **Schuljahr, -e** school year *P. 46*
der **Schulleiter, -/die Schulleiterin, -nen** headmaster/headmistress *P. 45*
die **Schulter, -n** shoulder *P. 2*
die **Schulzeit, -en** school years *P. 48*
schwach weak *P. 78*
der **Schwager, -/die Schwägerin, -nen** brother-in-law/sister-in-law *P. 105*
schwarz black *P. 21*
schwarzhaarig black-haired *P. 19*
das **Schwefeldiozyd** sulphur dioxide *P. 122*
die **Schwefelsäure** sulphuric acid *P. 122*
schweißen to weld *P. 86*
der **Schweißer, -** welder *P. 86*
die **Schweißerei, -en** welding shop, department *P. 86*
schwer (i) with difficulty *P. 22*; (ii) difficult *P. 33*; (iii) heavy *P. 43*; (iv) hard *P. 44*
die **Schwerarbeit** hard work *P. 136*
die **Schwester, -n** sister *P. 48*
schwierig difficult *P. 80*
sei be (imperative) (→ **sein**) *P. 48*
die **Seife, -n** soap *P. 128*
das **Seil, -e** rope *P. 132*
sein* to be *P. 1*
seit (i) for *P. 9*; (ii) since *P. 51*
die **Seite, -n** (i) page *P. 68*; (ii) side *P. 88*
die **Sekretärin, -nen** secretary *P. 51*
der **Sekretärinnenkurs, -e** secretarial course *P. 51*
die **Sekunde, -n** second *P. 88*
selber ourselves *P. 123*
selbst (i) himself *P. 35*; (ii) even *P. 136*
selbständig (i) independently *P. 43*; (ii) independent *P. 104*
die **Sendezeit, -en** transmission time *P. 62*
die **Sendung** programme *P. 60*
setzen (refl.) to sit down *P. 71*
die **Show, -s** variety show *P. 62*
sicher (i) certainly *P. 32*; (ii) secure *P. 49*; (iii) safely *P. 60*
die **Sicherheit, -en** security *P. 52*
singen* to sing *P. 60*
sitzen* to sit *P. 136*
der **Ski, -er** ski *P. 129*
Skifahren* to ski *P. 12*
der **Skikurs, -e** course of ski-ing lessons *P. 12*
der **Ski-Schuh, -e** ski-boot *P. 129*
der **Ski-Weltcup** World Cup ski-ing championships *P. 60*
das **SO₂ [= Schwefeldioxid]** sulphur dioxide *P. 122*
so (i) like this *P. 23*; (ii) so *P. 48*; (iii) (**und**) and so on *P. 136*
so daß so that *P. 111*
so etwas something like this *P. 70*
das **Sofa, -s** sofa, settee *P. 102*
der **Sohn, ¨-e** son *P. 4*
solche such, this type of *P. 68*
sollen (i) have to *P. 8*; (ii) must *P. 80*; should *P. 97*; going to be

(soll . . . werden) *P. 112*
sollte (→ sollen *P. 000*)
der **Sommerurlaub** summer holiday *P. 88*
das **Sonderdezernat** Special Department *P. 60*
sonnig sunny *P. 111*
sonst otherwise *P. 34*
sonstige others *P. 139*
die **Sorge, -n** worry, care *P. 22*
soviel so much *P. 66*
sozial within society, social *P. 52*
der **Sozialhelfer, -/die Sozialhelferin, -nen** social worker *P. 60*
die **Sozialkunde** social studies *P. 45*
die **Sozialleistung, -en** fringe benefits *P. 50*
die **Sozialpädagogin, -nen/der Sozialpädagoge, -n** teacher in a special school, social worker for children and young people *P. 42*
der **Soziologe, -n/die Soziologin, - nen** sociologist *P. 60*
spannend exciting, tense *P. 60*
sparen to save *P. 88*
sparsam thrifty *P. 22*
Spaß machen to be fun *P. 49*
der **Spaziergang, ¨-e** walk *P. 112*
der **Spiegel, -** mirror *P. 79*
das **Spiel, -e** game *P. 12*
spielen (i) to act *P. 70*; (ii) to act out *P. 81*; (iii) to play *P. 100*
der **Spielfilm, -e** film, feature film *P. 60*
die **Spielsachen** (pl) toys *P. 66*
der **Sport** sport *P. 5*
Sport treiben* to do sport *P. 5*
die **Sportlerin, -nen/der Sportler, -** sportswoman/sportsman *P. 41*
sportlich sporty *P. 23*
die **Sportmöglichkeit, -en** sports facilities *P. 50*
der **Sportschuh, -e** trainer *P. 27*
die **Sprache, -n** language *P. 41*
das **Sprachinstitut, -e** language school *P. 43*
die **Sprachkenntnisse** (pl) knowledge of a language *P. 50*
das **Sprachpraktikum, (-praktika)** residence abroad (lit. language practice) *P. 51*
das **Sprachproblem, -e** language problem *P. 135*
die **Sprechstunde, -n** surgery *P. 60*
aktuelle Sprechstunde, topical (medical) advice *P. 42*
die **Sprechstundenhilfe, -n** (doctor's) receptionist *P. 42*
die **Spur, -en** trace, clue *P. 60*
städtisch town, local authority *P. 60*
die **Stadtmitte, -n** town-centre *P. 72*
der **Stadtrat** town council *P. 71*
der **Star, -s** (entertainment) star *P. 60*
starb (→ sterben) *P. 102*
stark strong *P. 32*
die **Statistik, -en** statistics *P. 48*
stehen* (i) to stand up on end *P. 33*; (ii) to be *P. 34*; (iii) to stand *P. 88*
stehenbleiben* to stand still *P. 70*
stehlen* to steal *P. 68*
die **Stelle, -n** vacancy, job *P. 33*
das **Stellenangebot, -e** offer of a job *P. 33*
die **Stellensuche** job-hunting *P. 33*
sterben* to die *P. 71*
die **Steuer, -n** tax *P. 78*
steuerfrei tax-free *P. 87*
der **Stil, -e** style *P. 23*
still still, quiet *P. 22*

der **Stoff, -e** substance P. 122
 stören to get in the way of, interrupt
  P. 72
der **Strand, ¨-e** beach P. 113
der **Straßenbau** road construction P. 86
der **Straßenkünstler, -/die
 Straßenkünstlerin, - nen** street
  artist, busker P. 70
der **Straßenpantomime, -n/die
 Straßenpantomimin, -nen** street
  mime actor P. 70
das **Straßentheater, -** street theatre,
  busking P. 70
der **Straßenzigeuner, -/die
 Straßenzigeunerin, - nen** gypsy
  P. 72
das **Streichholz, ¨-er** match P. 132
der **Streik, -s** strike P. 87
 streiken to strike P. 87
der **Streit, -** argument P. 71
 streng strictly P. 136
der **Streß** stress P. 5
der **Strom** electricity P. 87
das **Stück, -** (lit. piece, item) 2-off P. 81
das **Studium** course of study P. 46
der **Stundenlohn, ¨-e** hourly wage P. 86
der **Süd-West** south-west P. 111
 Süddeutsche Rundfunk South
  German Broadcasting P. 60
der **Süden** south P. 118
das **Superbenzin** high-grade petrol
  P. 78
der **Supermarkt, ¨-e** supermarket P. 72
 sympathisch likeable P. 19

T
das **T-Shirt, -s** T-shirt P. 48
der **Tabak** tobacco P. 136
der **Tageshöchsttemperatur, -en**
  maximum daytime temperature
  P. 111
der **Tagesschau** daily news review
  P. 60
die **Tagestemperatur, -en** daytime
  temperature P. 111
die **Tagesthemen** (pl) themes for the
  day P. 60
 täglich daily P. 12
der **Tank, -s** petrol tank P. 79
 tanken to fill up, refuel P. 80
die **Tankstelle, -n** petrol station P. 79
der **Tankwart, -e** petrol attendant P. 81
die **Tanne, -n** fir tree P. 122
die **Tante, -n** aunt P. 101
der **Tarif, -e** tariff, rate P. 88
das **Tarifgespräch, -e** pay talks P. 87
der **Tarifvertrag** wage agreement, pay
  agreement P. 89
das **Taschengeld** pocket money P. 88
die **Taschenlampe, -n** torch P. 132
 tausende von thousands of P. 122
 Tausendundeine Nacht Thousand
  and One Nights P. 135
das **Team, -s** team P. 50
die **Technik, -en** technology P. 62
die **technische Zeichnerin, -nen/der
 technische Zeichner, -** technical
  illustrator P. 42
der **Teddybär, -en** teddy bear P. 128
der **Teil, -e** part P. 21
das **Telefon, -e** telephone P. 96
das **Telefonbuch, ¨-er** telephone
  directory P. 132
 telefonisch by telephone P. 29
das **Telegramm, -e** telegram P. 29
die **Teleillustrierte** television magazine
  P. 60

der **Temperaturunterschied, -e**
  temperature variation P. 111
der **Termin, -e** appointment P. 50
das **Thema, (Themen)** theme P. 60
das **Thermometer, -** thermometer
  P. 111
 tief deep P. 22
das **Tief, -s** low, depression P. 111
die **Tiefsttemperatur, -en** minimum
  temperature P. 111
das **Tierreich, -** animal kingdom P. 60
der **Tip, -s** tip, hint P. 23
der **Tischler, -** carpenter P. 42
der **Tischlermeister, -** master
  carpenter P. 104
die **Tochter, ¨-** daughter P. 102
 tolerant tolerant P. 31
der **Ton, ¨-e** tone P. 101
 tot dead P. 98
der/ **Tote (ein Toter)** dead body, corpse
die P. 60
 töten to kill P. 98
 tragen* (i) to wear P. 23; (ii) to
  carry P. 43
der **Traumberuf, -e** career of one's
  dreams, ideal career P. 44
 traurig sad P. 19
 trennen to separate P. 136
 treu true, faithful P. 22
das **Trinklied, -er** drinking-song P. 69
das **Trinkwasser** drinking-water P. 123
 trocken dry P. 110
die **Trompete, -n** trumpet P. 9
 trotzdem in spite of this P. 48
 tun* (i) to do P. 48; (ii) to put
  P. 70
die **Tür, -en** door P. 68
der **Türke, -n/die Türkin, -nen** Turk
  P. 134
 türkisch Turkish P. 134
der **TV-Koch** TV cook P. 60
der **Typ, -en** type P. 32
die **Typberatung** advice on
  appearance P. 23
U
die **U-Bahn, -en** underground train
  P. 31
 u.a. [= unter anderem] among other
  things P. 87
 üben to practise P. 69
 über (i) over, more than P. 86; (ii)
  about P. 70
 überall everywhere P. 118
 überhaupt nicht not at all P. 68
 überlegen to consider, think about
  P. 46
 übermorgen the day after tomorrow
  P. 29
 überraschen to surprise P. 118
die **Überschrift, -en** heading P. 89
 übersetzen to translate P. 135
die **Über-Std. [= Überstunde, -n]**
  overtime P. 87
 übertrieben exaggerated P. 60
 überzeugen to convince P. 81
 übrige others P. 134
die **Uhrzeit, -en** time P. 61
 um (i) for P. 51; (ii) about
  P. 111; (iii) at P. 141
 um zu in order to P. 139
die **Umfrage, -n** enquiry, questionnaire
  P. 43
der **Umschlag, ¨-e** envelope P. 70
das **Umweltgift, -e** poison to the
  environment P. 122
die **Umweltkatastrophe, -n**

 environmental catastrophe P. 122
das **Umweltproblem, -e** environmental
  problem P. 124
der **Umweltschutz** environmental
  protection P. 123
 unbedingt without fail P. 5
 unbekannt unfamiliar, unknown
  P. 137
 unentschuldigt not excused P. 45
der **Unfall, ¨-e** accident P. 43
der **Unfallwagen, -** ambulance P. 79
 unfreundlich unfriendly P. 31
 ungenügend below standard P. 45
 ungesund unhealthy P. 66
der **Unglückstag, -e** unlucky day P. 12
 unhöflich impolite P. 95
die **Uni [= Universität, -en]** university
  P. 34
 uninteressant uninteresting P. 49
 unmöglich impossible P. 103
die **Unordnung** untidiness P. 100
 unruhig unsettled P. 70
der **Unsinn** nonsense P. 22
 unsportlich staid P. 23
 unsympathisch unpleasant P. 19
 unter (i) on P. 50; (ii) under,
  below P. 134
 unterhalten* (refl.) to talk P. 71
die **Unterhaltung, -en** entertainment
  P. 60
die **Unterhaltungssendung, -en** light
  entertainment programme P. 63
 unterhielten (→ unterhalten)
der **Unterricht** lessons P. 45
 unterschreiben* to sign P. 71
 unterstreichen* to underline P. 31
 untersuchen to examine P. 128
die **Untersuchung, -en** investigation,
  poll P. 97
 untreu unfaithful P. 60
 unwichtig unimportant P. 81
 unzufrieden dissatisfied P. 43
die **Urgroßmutter, ¨-** great
  grandmother P. 102
der **Urgroßvater, ¨-** great grandfather
  P. 105
das **Urlaubsgeld** holiday money P. 50
die **Ursache, -n** cause P. 122
die **Ururenkelin, -nen/der Ururenkel, -**
  great great grandchild P. 103
die **Ururgroßmutter, ¨-** great great
  grandmother P. 102
V
 verändern to alter, change P. 34
 verbieten* to prohibit P. 70
 verboten (→ verbieten)
der **Verbrauch** consumption P. 78
 verbrennen* to burn P. 124
 verdienen to earn P. 41
der **Verdienst** pay, wage P. 52
 vergaß (→ vergessen)
 vergessen* to forget P. 102
das **Vergnügen** pleasure P. 88
die **Verhandlung, -en** discussion,
  negotiation P. 87
der **Verkaufsdirektor** sales director
  P. 50
der **Verkehr** transport P. 87
 verlangen to demand P. 35
 verlängern to renew, extend P. 128
 verlassen* to leave P. 141
die **Verletzung, -en** wound P. 7
 verlieben in (+ Acc.) (refl.) to fall in
  love with P. 69
 verlieren* to lose P. 69
 verloben (refl.) to get engaged
  P. 98

der/ **Verlobte, -n** fiancé(e) *P. 98*
die **vermieten** to rent out *P. 88*
verrückt crazy *P. 31*
der **Versand** despatch *P. 86*
das **Versäumnis, -se** times, days absent *P. 45*
verschieden (i) various *P. 46*; (ii) different *P. 101*
verschreiben* to prescribe *P. 7*
die **Versicherung, -en** insurance *P. 78*
die **Versicherungskarte, -n** insurance certificate *P. 128*
versprechen* to promise *P. 50*
die **Verstopfung, -en** constipation *P. 8*
versuchen to try *P. 94*
der **Vertrag, ¨-e** contract *P. 50*
der/ **Verwandte, -n (ein Verwandter)**
die relative, relation *P. 103*
verwenden* to use *P. 52*
die **Verzeihung** pardon *P. 81*
viel much *P. 5*
viele many *P. 102*
V.I.S.d.P. [= Verantwortlich im Sinne des Pressegesetzes] in accordance with the Code of Advertising Practice *P. 71*
das **Visum (Visa)** visa *P. 128*
das **Volkslied, -er** folk-song *P. 119*
die **Volksschule, -n** elementary school *P. 104*
das **Volksstück, -e** popular play, 'soap' *P. 62*
voll full *P. 22*
vollmachen to fill up *P. 81*
von (i) of *P. 31*; (ii) by *P. 42*; (iii) from *P. 141*
von links from the left *P. 102*
von mir aus as far as I am concerned *P. 63*
vor before *P. 129*
vor allem above all *P. 63*
vor sechs Monaten six months ago *P. 70*
der **Vorarbeiter, -** foreman *P. 88*
vorbeifliegen* to fly past *P. 69*
vorbeilaufen* to move past *P. 88*
vorbereiten to plan, make preparations for *P. 50*
die **Vorbereitung, -en** preparation *P. 128*
vorher previously *P. 23*
die **Vorhersage, -n** forecast *P. 111*
vorn (at the) front *P. 80*
der **Vorname, -n** Christian, first name *P. 51*
vorschlagen* to suggest *P. 132*
vorsichtig carefully, cautiously *P. 5*
vorstellen to present *P. 134*
die **Vorstellung, -en** performance *P. 70*
das **Vorurteil, -e** prejudice *P. 32*
vorwärts forward *P. 50*

W

der **Wagen, -** car *P. 80*
wählen to choose *P. 46*
wahr true *P. 22*
während during *P. 97*
wahrscheinlich probably *P. 80*
der **Wald, ¨-er** wood *P. 118*
warten to wait *P. 70*
was für? what sort of? *P. 27*
die **Wäsche** washing, laundry *P. 128*
waschen* to wash *P. 80*
die **Waschmaschine, -n** washing machine *P. 97*

wechseln to change, exchange *P. 48*
der **Wechselschichtarbeiter, -/die Wechselschichtarbeiterin, -nen** shift worker *P. 88*
wecken to wake *P. 96*
weder . . . noch neither . . . nor *P. 131*
wegfahren* to set off *P. 134*
wegnehmen* to take away *P. 48*
weh tun to hurt *P. 2*
weich soft *P. 23*
das **Weihnachtsgeld** Christmas bonus *P. 88*
weil because *P. 42*
weinen to cry, weep *P. 70*
weiß white *P. 23*
weiter another, further *P. 50*
weiterfahren* to drive on, carry on driving *P. 79*
weiterlesen* to read on *P. 20*
weiterüben to carry on practising *P. 129*
die **Welt** world *P. 60*
der **Weltcup** World Cup *P. 60*
die **Weltreise, -n** journey round the world *P. 60*
weniger less *P. 5*
wenigstens at least *P. 63*
wenn when, if *P. 46*
das **Werbefernsehen** television adverts *P. 60*
werden to become *P. 41* (→ also **werden** pp. 149, 154 and 156)
werfen* to throw *P. 123*
die **Werkstatt, ¨-en** repair garage *P. 44*
das **Werkzeug, -e** tool *P. 86*
der **Westdeutsche Rundfunk** West German Broadcasting *P. 60*
der **Westen** west *P. 118*
der **Western** western (film) *P. 62*
der **Wetterbericht, -e** weather report, forecast *P. 112*
die **Wetterlage** weather conditions *P. 111*
wie (i) (the same) as *P. 11*; (ii) how? *P. 29*; (iii) like *P. 34*; (iv) **(so gut wie)** as good as *P. 78*; (v) as *P. 113*
wiedererkennen* to recognise again *P. 136*
wiederkommen* to come back *P. 33*
wichtig important *P. 8*
wiegen* to weigh *P. 128*
wieviel how much *P. 88*
wildlebend living in the wild, undomesticated *P. 60*
der **Wind, -e** wind *P. 110*
der **Winterurlaub** winter holiday *P. 88*
wirklich really *P. 35*
die **Wirtschaft** economy *P. 62*
wirtschaftlich financial *P. 102*
die **Wissenschaft** science *P. 62*
der **Wissenschaftler, -/die Wissenschaftlerin, -nen** scientist *P. 122*
das **Wochenende, -n** week-end *P. 9*
die **Wochenendreise, -n** week-end break, trip *P. 119*
wohl certainly *P. 111*
wohlfühlen (refl.) to feel well *P. 100*
der **Wohnort, -** place of residence *P. 112*

der **Wohnwagen, -** caravan *P. 60*
wolkig cloudy *P. 111*
die **Wolldecke, -n** blanket *P. 132*
wollen to want to *P. 42*
wollte (→ **wollen** *P. 151 + 154*)
der **Wunsch, ¨-e** wish *P. 103*
der **Wunschberuf, -e** proposed career *P. 42*
das **Wunschland, ¨-er** proposed country of residence, country of one's dreams *P. 141*
die **Wunschliste, -n** list of requirements *P. 52*
würde would *P. 69*
die **Wüste, -n** desert *P. 111*

Z

z.B. [= zum Beispiel] for example *P. 34*
zahlen to pay *P. 35*
der **Zahn, ¨-e** tooth *P. 2*
die **Zahnbürste, -n** toothbrush *P. 128*
die **Zahnpasta, (-pasten)** toothpaste *P. 128*
die **Zahnschmerzen** (pl) toothache *P. 3*
der **Zeh, -en** toe *P. 2*
das **Zeichen, -** sign (i.e. signed, passed) *P. 87*
der **Zeichentrickfilm, -e** (animated) cartoon film *P. 60*
die **Zeit, -en** time *P. 48*
der **Zentimeter, -** centimetre *P. 19*
die **Zentrale, -n** central office *P. 118*
die **Zeugnisnote, -n** school report marks *P. 46*
ziehen* (i) to move *P. 70*; (ii) to pull *P. 80*
ziemlich rather, quite *P. 3*
der **Zigeuner, -/die Zigeunerin, -nen** gypsy *P. 70*
der **Zitronensaft** lemon juice *P. 122*
zog aus (→ **ausziehen**)
der **Zoo, -s** zoo *P. 60*
der **Zoodirektor, -en** zoo director *P. 41*
zu (i) **(zur)** to (+ location) *P. 48*; (ii) to (part of infinitive) *P. 70*; (iii) too *P. 94*
zufällig by chance *P. 49*
zufrieden pleased, content *P. 33*
zugute kommen* to be beneficial, advantageous to *P. 60*
die **Zukunftsvision, -en** vision of the future *P. 122*
die **Zulieferindustrie, -n** supply industry *P. 86*
zumachen to close *P. 128*
zurückfahren* to drive back *P. 131*
zurückfliegen* to fly back *P. 141*
zurückgehen* to turn back *P. 113*
zurückkommen* to come back, return *P. 51*
zurücknehmen* to take back *P. 123*
zusammensein* to be together *P. 101*
zuschauen to watch *P. 136*
der **Zuschauer, -/die Zuschauerin, -nen** spectator *P. 70*
der **Zuschlag, ¨-e** extra payment, bonus *P. 87*
zuviel too much *P. 94*
der **Zweck, -e** point, purpose *P. 48*